AF303716

Bibliographische Information der Deutschen Nationalbibliothek:
Die Deutsche Nationalbibliothek verzeichnet diese Publikation in der
Deutschen Nationalbibliographie; detaillierte bibliographische Daten sind im
Internet über http://dnb.d-nb.de abrufbar.

1. Auflage

ISBN: 978 - 3 – 74127 - 562 - 3

Herstellung und Verlag:
BoD - Books on Demand, Norderstedt
Printed in Germany

Alfred Hunold

Deutung von deutschen Wörtern und Namen mit Hilfe des Baskischen

Zum vaskonischen, ureuropäischen Ursprung von Teilen der deutschen Sprache

FSC
www.fsc.org
MIX
Papier aus ver-
antwortungsvollen
Quellen
Paper from
responsible sources
FSC® C105338

Inhaltsverzeichnis

Seite

1. Ein erster Eindruck von der vaskonischen Ursprache   1

2. Zum Verständnis wichtige Vorbemerkungen   6

    2.1. Baskische Lautlehre nach Georg von der Gabelentz (1893)   6

    2.2. Praktische Hilfen zur Deutung von alten Ortsnamen   14

3. Aus dem Vaskonischen ableitbare sowie bisher nicht gedeutete   26
deutsche Wörter

4. Wortgleichungen Lateinisch-Baskisch und Keltisch-Baskisch   88

5. Die Namen der "sächsischen" Siedlungen auf dem französischen   96
„Litus saxonicum"

6. Wendische (slawische) Ortsnamen auf den dänischen Inseln   110
Lolland und Falster?

7. Die vorwiegend rheinischen Matronennamen   114

8. Vogelnamen, aus dem Baskischen gedeutet   135

9. Teile der deutschen Sprache, die vom Baskischen geprägt   140
wurden

10. Einige Wortgleichungen Sanskrit - Baskisch   151

1. Ein erster Eindruck von der europäischen (vaskonischen) Ursprache

Ureuropäische Namendeutung setzt voraus, dass eine ureuropäische Sprache in unseren nordwesteuropäischen Landstrichen als eine Tatsache angenommen wird. Das ist aber bei den meisten Namenforschern, ganz gleich, ob an Hochschulen oder lokal als Heimatforscher, noch gar nicht in ihren Gesichtskreis voll eingedrungen.

Nachdem der Forscher **Theo Vennemann** diese ureuropäische Sprache unter dem Namen „**vaskonisch**" bekanntgemacht hat, als Ursprache, dessen letzte Relikte das heutige **Baskische** ist, tat sich ein ungeheuer großes und auch ergiebiges Feld der Forschung auf, das noch bei weitem nicht ausreichend beackert worden ist.

Das zeigt sich besonders auf dem Feld der **Ortsnamenforschung,** wo die Forscher bisher meist vor unlösbaren Aufgaben standen oder oft verkrampfte Lösungen suchten wie die Unterstellung von germanischen Personennamen in der Bildung der Ortsnamen.

Diese Schwierigkeiten hätten die Ortsnamenforscher schon früher auf den Gedanken bringen können, dass vielleicht eine alte, verschollene Sprachschicht durch diese ungeklärten Ortsnamen und Flußnamen hervorschaut.
Der Professor für Philologe an der Universität Kiel **Hans Kuhn** hatte mehrmals auf den Flußnamen „Itter", einen Nebenfluss des Rheins, als baskisch hingewiesen, war damit aber nicht durchgedrungen.
Wenn man diesen Gedanken fortführt, muß man bei einer immer noch großen Zahl von nicht etymologisierbaren deutschen Wörtern, trotz der Deutungen mit Hilfe des Baskischen, zu dem Schluß kommen, dass es (mindestens) noch eine weitere Substratsprache im deutschen Sprachraum gibt.

Wir wollen uns im Folgenden dem Forscher Vennmann anschließen und ebenfalls den **Terminus "vaskonisch"** benutzen, wenn wir das Ureuropäische, das Urbaskische meinen.

Es wäre aber falsch, die vor Tausenden von Jahren gesprochenen Sprachen als Baskisch zu bezeichnen, wenngleich wir uns an das heutige Baskisch als Rest der alten Sprachen halten müssen und können, um noch etwas an Deutungen zu erkennen.

Vielfältige Vorbehalte gegen dieses Vaskonische gibt es immer noch, aber so geht es häufig bei neuen Gedanken, die mit einer überkommenen Meinung brechen.

Hans Kuhn schreibt dazu zum Beginn seiner Verteidigungsschrift *„Kracht es im Nordwestblock?"* (1977):

„Von Lehren, die durch lange Zeit als sicherer Besitz erschienen, pflegt man keine Rechtfertigung mehr zu verlangen, ganz einerlei, worauf sie gegründet sind. Der Streit, den ich hervorrief, geht zumeist um ganze Ortsnamengruppen, deren ungermanischen Ursprungs ich sicher war."

Der häufigste Einwand ist der des **„Lehnworts"**.

Wie fast alle anderen Sprachen, so wird auch das Baskische Lehnwörter aufgenommen haben.

Bei dem Verhältnis Baskisch zu den romanischen Sprachen ist das plausibel und wahrscheinlich, auch das Lateinische wird eingewirkt haben, vielleicht sogar das Gotische, das lange Zeit in Spanien gesprochen wurde, bis es verklang.

Aber wie gelangt ein baskisches Wort ins Deutsche, wie ein deutsches Wort ins Baskische?

Hier zunächst einige Beispiele für Deutsch – Baskische Entsprechungen, die auch bei einem eingefleischten Gegner dieser These Zweifel aufkommen lassen müssten:

Es gibt zwei Arten von deutschen Wörtern, die aus dem Baskischen ableitbar sind; - erstens Wörter, die unmittelbar die baskisch-deutsche Entsprechung offenbaren **(Typ 1)** und

- zweitens viele zusammengesetzte deutsche Wörter, deren
Bestandteile aus dem Baskischen stammen **(Typ 2)**. Wir vermuten,
dass die meisten der so gebildeten Wörter (vom Typ 2) noch gar nicht
erkannt sind.

<u>Beispiele **Typ 1**: Wörter mit unmittelbaren baskisch-deutschen Entsprechungen</u>

Deutsch	Baskisch
Kalb	**kabala** = Vieh, Nutztier, mit Konsonantenumkehr kbl > klb
Blut	**odol** = Blut, Konsonantenumkehr mit P-Anlaut (später weggefallenes P) > (p)lod > Blut, p>b
Alaaf	**alafede** = in der Tat; "alaaf", Kölner Karnevals - Ruf, vgl. auch ahd. alafesti = ganz bestimmt, sicher
Ernte	**arnari** = Frucht; „Ernte"
fies	**bis-ka** = Vogelleim; "fies"
Heister	**zu-haizti** = Baum, Baumgruppe; vgl. "Heister"
Holz	**holtz** = Holzwand
kokolores	**kokolo** = doof; "kokolores", Unsinn
Maid	**maitale** = Liebhaber; „Maid", „Mädchen"
Neffe	**neba** = Bruder einer Frau
paffen	**bafada** = Dunstwolke, Zug beim Rauchen; "paffen"
Säcklein	**sakela** = Tasche; "Säcklein"
Trennwand	**trenkada** = Trennwand, Scheidewand

<u>Beipiele **Typ 2:** zusammengesetzte deutsche Wörter, deren Bestandteile aus dem Baskischen stammen</u>

Deutsch	Baskisch
Brei	**ber**-a = einweichen, **ber**- wird zu **br** zusammengezogen, **ei**-hera = Mühle, gemahlen, "das Gemahlene einweichen" = Brei
grün	Hier muß man die Wortbestandteile gr und ün/un untersuchen. **gr** kann von **gar**-azta = begießen abgeleitet werden, **un**, da n = rr, rr = r, von **ur** = Wasser, also "das mit Wasser begossene" = grün
Brücke	**ber** = einzig, **uk**i-gune = Berührungspunkt; "auf jedem Ufer nur ein einziger Berührungspunkt"
Kleiber	**gil**-tza = zuschließen, ineinanderfügen, gil > kli > klei = Konsonantenumkehr, und i =ei, **bar**-auts = Geifer, bar > ber; > "ein Vogel, der mit seinem Speichel (Geifer) (und Lehm als Baumaterial) seine Höhle einschließt, d.h. das Flugloch verkleinert"
schwimmen	**sab**-el = Bauch, = sw, **ib**-ai = Fluß, b=m; also "Bauch im Fluß"

Typische Lehnwörter zeugen meist von einer kulturellen Überschichtung oder einer militärischen Unterwerfung.

Die baskischen Wörter, die verwandt mit dem Deutschen klingen, sind oft aus einer sehr privaten, ja manchmal vulgären Sprachschicht entnommen. Das deutet darauf hin, dass sie aus einem alten Substrat stammen, das in einem familiären Umfeld überlebt und zugleich Zeuge einer langen Nachbarschaft zweier Völker ist. Wir gehen zudem von einem Verschmelzen ihrer verschiedenen Sprachen schon in früher Zeit aus.

4

Nur so ist es zu erklären, dass die oben aufgeführten Wörter sowohl in Deutschland als auch im sehr entfernt liegenden Baskenland verwendet werden, wenn auch die Gleichheit oft nicht ohne weiteres erkennbar ist..

Wir sollten von der starken Vermutung ausgehen, dass das vaskonische Sprachgebiet einmal beträchtlich größer als das heutige baskische Sprachgebiet war. Wie aus den Ortnamen hervorgeht, wird es sich von Spanien über Frankreich bis mindestens in den ganzen nord- und nordwesteuropäischen Raum und vielleicht sogar bis in die osteuropäischen Länder erstreckt haben. Der Forscher J. Udolph hat baltische und slawische Wörter genannnt, die auf urbaskische Herkunft schließen lassen.

Schließlich weiß niemand heute, ob etwa bereits das **Urindogermanische** vor den ersten Ablösungen der Einzelsprachen von der Ursprache sich auf dem Boden des Vaskonischen entwickelt hat, oder ob es nur in **Nachbarschaft zum Vaskonischen** stand. Man kann das als Spekulation abtun, doch einige Anzeichen im Sanskrit, auf die wir in dieser Arbeit schon eingehen wollen, könnten in diese Richtung weisen.

Oder ob sich ein **Westindogermanisch** oder gar ein **Althochdeutsch** mit einer baskischen Sprach- und Kulturinsel auseinandersetzen mußte. Es zeigte sich nämlich eine Ballung von baskischen Ortsnamen gerade im Rheinland, wo auch ein längeres Überleben des Baskischen in einer Sprachinsel für möglich gehalten werden muß. (siehe auch vom Verfasser "Vorgermanische Ortsnamen im nördlichen Teil des Rheinlandes (Nordrhein), 2016")

Das vorliegende Buch enthält verschiedene Einzelthemen, die jeweils für sich in einem gesonderten Buch kaum veröffentlicht werden können, die aber dennoch unter dem Gesamttitel "Zur Erforschung von bisher ungedeuteten Namen mit Hilfe des Baskischen" ein gutes Zuhause finden.

2. Zum Verständnis wichtige Vorbemerkungen

2.1. Baskische Lautlehre nach Georg von der Gabelentz (1893)

Wer den Anspruch erhebt, die in dieser Schrift dargestellten Wortdeutungen
selbst nachvollziehen zu können, dem wird empfohlen, sich ein baskisch-
deutsches Wörterbuch zuzulegen, wie z.B. von Rubio Elena Martinez:
Wörterbuch Baskisch-Deutsch Deutsch-Baskisch, ISBN 84-9783-317-1, 2005

Bei Versuchen, deutsche Ortsnamen, Namen von Flüssen oder ganz allgemein
fremde Namen wie die rheinischen Matronennamen oder bisher nicht
etymologisierte deutsche Wörter aus dem Baskischen abzuleiten, sollte man
folgende Hilfen beachten:

a) Im baskischen Wörterbuch gibt es **kein** Kapitel für Wörter mit **R**-Anlaut.
Das liegt daran, dass im heutigen Baskischen das Anlaut-R weggefallen ist,
während es wahrscheinlich noch in einer Zeit vorhanden war, als die heutigen
Orts- und Flussnamen entstanden bzw. vergeben wurden.
Diese Zeit, in der die urbaskische Sprache z.B. im Rheinland noch gelebt hat,
kann nicht genau abgegrenzt werden; es gibt aber Anhaltspunkte, dass sie in
den ersten **Jh. n.Chr.** noch auf Ortsnamen wirksam wurde.
Daher muss man z.B. bei Wörtern wie "R-uhr" unter "ur" = Wasser suchen.

b) Häufig ist Anlaut-**P** oder Anlaut-**B** weggefallen, wie bei „oilasco" = junges
Huhn, das wir als altes „(p)oilasco" interpretieren, rheinisch = "Pöllen", oder in
(b)on = Gut, gut. Eine ähnliche Entwicklung gibt es im Keltischen, wenn auch
nicht in allen keltischen Sprachen gleich stark.

c) Deutsch „**w**" und „**f**" werden baskisch als „b" dargestellt.
Wörter anlautend mit F- sind meistens Lehnwörter und auszuscheiden.
Lehnwörter sind nicht leicht zu erkennen, da das Lateinische ebenso wie das
Urkeltische und das Gemeingermanische auf dem Vaskonischen fußt, verhält
es sich bei manch einem Wort wie mit Ei und Henne.

d) Auch Wörter auf „**Sch-**„ wird man meistens nur finden, wenn man S- und Sch- abtrennt und dann weitersucht;

Beispiel: „Schluck" = baskisch „klik" = „kluk", i und u austauschbar (wie Wupper und Wipper), + Anlaut-S; das Anlaut-S erinnert an das **von Hans Krahe** sogenannte **indogermanische „mobile s".** In unserem Beispiel ergibt sich Schluck.

Ein weiteres Beispiel: Sch-r-<u>eck</u>-en = bask. <u>ikar</u> a = Schrecken, Schauder, Zittern, Beben.

Es gibt allerdings eine andere Möglichkeit, ein auf s anlautendes Wort zu finden, wenn ein baskisches Wort bereits mit S beginnt.

Beispiel: schwanger = sab-el = Bauch, an-dere = Frau, gar-i = Brustwarze.

e) Es ist ein Unterschied zu machen, ob man einen Ortsnamen betrachtet, der schon die 1. Lautverschiebung mitgemacht hat, z.B. manche Ortsnamen im Rheinland, wie bei „lintzura" und „opari", die in der Form verschobenen sind und zu „Linder" und „Offer" wurden, oder ob man ältere Namen vor sich hat, wie z.B. die Matronennamen.

Diese älteren Namen braucht man nicht umsetzen, hier ist a=a, e=e, u=u   t=t d=d   g=g   k=k usw.

In den lautverschobenen Namen wird:

baskisch	wird zu deutsch	Beispiele:
e	a	bero = warm
a	e	baga = beck, (Bach)
u	o oder ö	tutu = "Töte", tupina = Topf
e	i (in einigen Fällen)	
t	d	
d	t	

baskisch	wird zu deutsch	Beispiele:
k	g	
g	k	
p	b	
b	p	

<u>Betrachten wir einige Merkmale des inneren Gefüges der baskischen Sprache</u>

1.) Lautvertretungen

Ein besonderes Kennzeichen sind die **Lautvertretungen**, wir würden sagen die „**Lautverschiebungen**".

Der Sprachforscher und Sinologe **Georg von der Gabelentz** (*1840, +1893) hat in seiner Schrift *"Baskisch und Berberisch"* (1893) auf Seite 597 die festgestellten Lautvertretungen dokumentiert. Wir wollen sie "einfache Lautvertretungen" nennen.

Zitat von der Gabelentz („Baskisch und Berberisch", S. 596):
".....Diese Proben dürften hinlänglich zeigen, daß bei weiterer Untersuchung ein Mißerfolg kaum zu befürchten war.
Um mir hierzu eine möglichst sichere Unterlage zu verschaffen, mußte ich zunächst die baskischen Dialekte, soweit sie zugänglich sind, in Rücksicht auf ihre lautlichen Verhältnisse miteinander vergleichen.
Hr. van Eys hatte mir durch sein „Dictionnaire basque-francais" und durch seine „Grammaire comparée des dialectes basques" in dankenswertester Weise vorgearbeitet.
Seine Bemerkungen über die Lautvertretungen, S. XXXVIII - XLV, des ersteren, S. 13 - 24 des letzteren Werkes aber erscheinen zunächst unglaublich; sie geben ein Bild lautlicher Verwilderung, das meines Wissens in der Sprachenwelt kaum Seinesgleichen hat. *Nur in wenigen Fällen, die er richtig erkannt hat, und die ich hier nicht zu wiederholen brauche,*

8

zeigen sich zwischen den Dialekten feste Lautvertretungsgesetze, **daneben bald in dem einen, bald in dem anderen die wunderlichsten Varianten.** *Hier galt es zunächst, die einschlägigen Erscheinungen geordnet zu inventarisieren, ob sich nicht doch eine gewisse Regelmäßigkeit entdecken ließe, - mit anderen Worten, es galt, sämtliche dialektische Nebenformen in Rücksicht auf ihre lautlichen Abweichungen zu verzeichnen. Indem ich das tat, fand ich die Angaben des niederländischen Forschers überreichlich bestätigt. Ich gebe hier eine Tabelle der Lautvertretungen, die statistisch deren Häufigkeit zeigt. Hierbei bedeutet x ein ungezählt häufiges Vorkommen. (Tab. I)"*

Zitat von der Gabelentz: (S. 597):
"Es wechseln also besage dieser Tabelle:
a) die Tenues mit den Mediis
b) die Zischlaute untereinander
c) die Zitterlaute r, rr, l untereinander
d) die Mediae g, d, b untereinander
e) die Mediae d und b mit ihren Nasalen und mit l
f) die Gutturale mit den Zischlauten
g) g mit h, p mit f, g und n mit j
h) die Zischlaute mit r und l"

Die hier folgende Matrix ist auf Seite 155 wiederholt.
Es wird empfohlen, für die Arbeit mit dieser Matrix eine Kopie anzufertigen.

Tabelle I - **Lautvertretungen im Baskischen** (nach G. von der Gabelentz)

	s	k	g	h	Ch	z	tz	ts	s	t	d	p	f	b	m	j	r	rr	l	ll	N	n-
s	-	4	5	X	.	.	.	.	.	1	1	1	.	1	.	.	.	.	1	.	1	.
k	4	-	17	.	2	4	.	.	1	2	.	1	.	1	.	.	.	.	.	.	.	.
g	5	17	-	X	3	5	.	.	.	.	6	.	.	8	.	5	4	.	.	.	.	1
h	X	.	X	-	.	.	.	.	1	.	.	2	.	.	.	.	1	.	4	.	.	.
ch	.	2	3	.	-	20	7	.	6	3	1	.	.	.	.	.	.	.	.	.	.	.
z	.	4	5	.	20	-	3	.	X	.	1	.	.	.	.	.	1	.	.	.	.	.
tz	.	.	.	.	7	3	-	X	2	.	.	.	.	.	.	.	.	.	1	.	.	.
ts	.	.	.	.	.	.	X	-	.	.	.	.	.	.	.	.	.	.	.	.	.	.
s	.	.	.	1	6	X	2	.	-	.	.	.	.	.	.	.	.	1	1	.	.	.
t	1	2	.	.	3	.	.	.	.	-	2	4	.	.	.	.	.	.	.	.	1	.
d	1	.	6	.	1	1	.	.	1	2	-	.	.	1	.	5	1	4	1	.	.	.
p	1	1	.	2	.	.	.	.	.	4	.	-	4	9	.	.	.	.	1	.	.	.
f	.	.	.	.	.	.	.	.	.	.	.	4	-	.	.	.	.	.	.	.	.	.
b	1	1	8	.	.	.	.	.	.	.	1	9	.	-	6	.	.	.	.	2	.	.
m	.	.	.	.	.	.	.	.	.	.	.	.	.	6	-	.	.	.	.	.	.	.
j	.	.	5	.	.	.	.	.	.	.	5	.	.	.	.	-	.	5	5	.	2	X
r	.	.	4	1	.	1	.	.	.	.	1	.	.	.	.	.	-	5	5	.	.	.
rr	.	.	.	.	.	.	.	.	1	.	4	.	.	.	.	5	5	-	3	.	2	.
l	1	.	.	4	.	.	1	.	1	.	1	1	.	2	.	5	5	3	-	3	6	.
ll	.	.	.	.	.	.	.	.	.	.	.	.	.	.	.	.	.	.	3	-	.	.
n	1	.	.	.	.	.	.	.	.	.	.	.	.	.	.	2	.	2	6	.	-	X
n-	.	1	.	.	.	.	.	.	.	.	.	.	.	.	.	X	.	.	.	.	X	-

<u>Beispiele:</u>

arlo, alor >	(r zu g, l zu r)	= a-g-o-r = dt. Acker
batel >	(b zu k, t zu ch, l zu n)	= k-a-ch-e-n = dt. Kahn
behi >	(b zu g, g zu k)	= k-e-h-i = dt. Kuh
egur >	(g zu h, r zu l)	= e-h-u-l = dt. Holz
laritz >	(l-a-r-l, tz zu ch)	= l-a-r-i-ch = dt. Lärche
larre >	(l zu b, rr zu d)	= b-a-d-e > b-e-d-e = dt. Weide
lur =(p)-lur >	(p zu f, l bleibt l, r zu d)	= f-u-l-d = dt. Erde (Feld)

s und h	sutondo = Kamin, > Hütte und hondar = Rest, Sand, Grund > (h zu s) = sond-ar = dt. Sand
p und f	Die Verschiebung von p zu f darf als bekannt vorausgesetzt werden
k zu h	k indirekt zu g, g zu h
p und b	potin = Boot
g zu k	orga = Karren, Wagen; mit Konsonantenumkehr
g und b, b entspricht w	g zu w gor-i = warm
b und m	baga = Woge > (g zu ch) = ba-ch = dt. Bach > becke > mecke/micke
p zu m (p zu b, b zu m)	putiko = Bengel mutiko = Knabe, Bube
t zu d, d zu t	von germ. Lautverschiebung bekannt

11

t zu p zu (k)g	Tenkterer zu Pengter (Ortsname Pengterhütte in Korschenbroich), also ist Auftauchen von Anlaut-T zugleich Anzeichen für bask. Namen. Pengter gleichwertig mit Engter und Verlust des Anlaut-P, bask. aintzira = See, Weiher, Lagune gingter = k-ingter (siehe Ortsname Gingterkamp in Mönchengladbach) vgl. den Wechsel von t zu p in schwed. tatte zu patte = Zitze
l zu r, r zu l	arbola = Obstbaum zu lat. arbor = Baum mizpira = Mispel lat. rem-ex = Ruderer; bask. lem-a = Ruder lat. terra = Erde; lat. tellus = Erde
l zu n, n zu l	lats zu alt- (+Konsonantenumkehr) > ant

2.) Neben den einfachen Lautvertretungen, die eine Beziehung a = b enthalten, gibt es solche, wie ich in manchen Wörtern fand, die eine **doppelte Beziehung** a = b = c, > a = c wiedergeben.
Siehe bask. putiko = Bengel, bask. mutiko = Bub, Knabe, (p = b, b = m).

3.) Zitat von der Gabelentz (Baskisch und Berberisch, S. 602):
"Um aber das Bild der Verwirrung zu vervollständigen, muß hier auf eine weitere, überall wiederkehrende Erscheinung hingewiesen werden, auf die
"Umstellung der Konsonanten."

kabala	= Vieh, Nutztier, (k-b-l zu k-l-b) <> Kalb
arlo	= Acker und alor = Acker, (r = g, l = r) > agor <> Acker
zabal (z gesprochen t)	= weit, breit (t-b-l, > t-p-l < p-l-t) <> platt

12

kanila	= Wasserhahn > glan (k-n-l zu g-l-n) = haran = Tal (h = g, r = l, n) = glan = urkeltisch = Tal
A-baski (laut Pokorny)	<> a-bkasi > Abchasen (b-s-k zu b-k-s)
beilegi	<> gelb (b-l-g > g-l-b)
lat-s	lats = (Bach) = a-l-t <> Alt = Ant (l zu n) = (a-n-t zu n-a-t) <> Nat (nass), (n = s) = s-a-ts = Mist, (tz = l) <> urkeltisch = sal (schmutzig)
ezproi	= Sporn
tupina	= Topf, Pott (t = p)
mutu	= (s)tumm (m-t zu t-m) + Anlaut-s
mintzo	= Sprache, (m-i-n-tz-o zu tz-i-m-n-o) = Stimme
ohol	= Holzbrett, (r)ohol > r=z, ohol-z, holz
odol	= Blut = (p)odol > Blut (p-d-l zu p-l-d)

2. 2. Praktische Hilfen zur Deutung von alten Ortsnamen

Die „deutschen" Grundwörter, wie z.B. **-heim, -dorf**, usw., entpuppen sich
als vaskonisch und können aus der deutschen Sprache in der Regel nicht oder
erst ab dem Althochdeutschen erklärt werden.

Die meisten Grundwörter, die sich nicht aus dem Deutschen erklären lassen,
werden erhellt durch einen Bezug zum Baskischen, wie **–lar, -hoven**, usw.,
und die wenigen, die größere Schwierigkeiten machen, haben gute Aussichten
erklärt zu werden, wenn die Regeln von Georg von der Gabelentz konsequent
angewendet werden.
Z.B **-busch** wird überraschend erklärt: und zwar <u>nicht</u> durch „bus-ti" = nass
werden, sondern durch „busch" = „musker" = grünen (b = m) oder auch
-kirchen, das sich als ein Zufluchtsort = „geriza" herausstellt.

1.) Wasserwörter
Die Namen mit Grundwort **–bach** und **-weiler** (in der Bedeutung Tal) lassen
sich meist auf ein Bestimmungswort zurückführen, das mit Wasser oder
Feuchtigkeit zu tun hat, sogenannte Wasserworte.
„Harn" ist in Ortsnamen ein Wassername für Flüssigkeit, nicht im heutigen Sinn
zu nehmen.
Ebenso wie Geifer, Schleim, Eiter, Tropfen, lecken, feucht, Soße, Tunke,
Brühe.
Zugleich wird dadurch die Zahl der möglichen Deutungen stark begrenzt und
auf landschaftsbezogene Namen eingeschränkt. Beispiele:

Garzweiler	gar-azta = begießen und bailara = Tal. Hier bedeutet „-weiler" ein Tal und nicht wie so oft ein „kleiner Ort".
Busenbach	bus-ti = nass, nass passt zu Bach

2.) Vorgesetzte und weggefallene Anlaut-Konsonanten

Viele Wörter im Baskischen beginnen mit einem Vokal und verdecken damit, dass das Wort in einer früheren Form einen Anlaut-Konsonanten führte, der irgendwann weggefallen ist.

Das ist bei sämtlichen Anlaut-R und bei vielen, aber nicht allen Anlaut-P, Anlaut-K und Anlaut-T so geschehen.

P odol	= Blut, (p)odol > plod > Blut
P oilanda	= Junghenne, in der Eifel Pöllen genannt
P ug	= Hausherr, vgl. lat. pugnare <> (für einen Herrn) kämpfen, "unter der <u>Fuch</u>tel von"
p aurre	= vor, abwehren, rr ist laut von der Gabelentz gleichwertig mit n, l oder rn und rl oder s und d

K upa	= Fass, vgl. Küfer
K ume	= Kind, umetxo = Kindchen, daneben mit Anlaut-K: kuma = Wiege, kume = Junges

3.) rr wird zu rn, oder rl

Beispiel: eigentlich ON Radevo<u>rm</u>wald hat wahrscheinlich eine ältere Form in Radevo<u>rn</u>wald.

Vor einem b oder w wird dann ein rn zu einem rm, ein rr zu einem rl

 Beispiel: Ortsname Radevo<u>rm</u>wald

 Beispiel: Ortsname Ka<u>rl</u>-shöh (Ortsteil von Radevormwald)

   = ka<u>rr</u>-atu = Viereck

4.) Viele Ortsnamen beginnen mit einem „**S**", das vor den eigentlichen Namen gesetzt ist. **Hans Krahe** hat es als **"indogermanisches mobiles s"** bezeichnet. Diese Anlaut-"S" scheinen auch tatsächlich erst in indogermanischer Zeit aufgetreten zu sein, da die originären baskischen Worte eher mit s, tx, oder z beginnen.

Auch Wörter auf „**Sch-**„ im Deutschen wird man zum Teil nur finden, wenn man S- und Sch- abtrennt und dann weitersucht;

Beispiele:

Schluck	= baskisch „klik" = „kluk", i und u austauschbar (wie Wupper und Wipper), + Anlaut-S; in unserem Beispiel ergibt sich Schluck
Sch-r-<u>eck</u>-en	= bask. <u>ikar</u>-a = Schrecken, Schauder, Zittern, Beben
schwanger	= sab-el = Bauch, an-dere = Frau, gar-i = Brustwarze
S lub-eta	= Wall und got-or = befestigen, Schluppkothen (Ortsname im Bergischen)
S ban-ako	= Einzel-, vereinzelt, -rath = Burg, Spenrath mit Anlaut-S, = Einzelburg

5.) Vokale

Bei der Deutung der Ortsnamen muss in der Regel, aber nicht immer, von einer Umwandlung der Vokale ausgegangen werden.

a aus e

e aus a

i aus e

ü aus i

au aus oi oder

au aus u

16

Ausnahmen wurden gefunden in dem Wort laku = See, das in deutschen
Ortsnamen Laach (Grevenbroich) oder Fischlaken (Essen) den Vokal behielt.
Außerdem in ON Langenberg, Langenfeld und Abelsnaaf und teilweise in kan-
abera.

6.) Konsonantenverbindungen
sind fast charakteristisch für deutsche Wörter, die aus dem Baskischen
abgeleitet werden können, im folgenden einige Beispiele:

	gebildet aus:
kr	ger oder gar
tr	der oder dar
br	ber oder bar
gr	kar oder ker
kra oder gra	kar oder gar
kra, kre, krä	ker, ger
kri	gir
kro	kor, gor
klau-	gaul-
kli, klei	gil
tra	dar oder tar
tro	dor oder tor
tri	dir, tir

gro	gor
qua	gab-ezia = Not, Entbehrung
qua	kab-uz = aus eigenem Antrieb (Quelle)
qui	gib-el = Ausdauer
qui	kebi-de = Rauchabzug, Schornstein
bra	bar
bri	bir
bro	bor
bru	bur; bur-runtzali = Schöpf-(eimer) löffel, Kelle > Brunnen
bla	bla
schr	sar
schw	sab-el = Bauch
kn	kan
eng	ank
rr	rn
rr	ln

7.) Auch die **Kenntnis alter Schreibweisen** der Ortsnamen kann zur Erklärung beitragen, muss es aber nicht, denn oft werden ältere Schreibweisen noch in jüngerer Zeit überliefert.

Es ließen sich wohl mehr und genauere Deutungen finden, wenn mehr ältere Schreibweisen überliefert wären.

Aus ihnen könnte man in vielen Fällen besser deuten.

Beispiel: der Ort „Lüttenglehn" läßt vermuten: niederdeutsch „lüttcn" – „lützel" = „lüttje" = englisch „little", also Kleinglehn.

Aber der Ort hieß im frühen Mittelalter, um 1090-1220, „lutzellenglehn", also abgeleitet von baskisch „lut" = „lup", „lupetza" = Schlamm, „zelai" = Grünland, Wiesen, Weiden, demnach > schlammige Wiesen.

Ein wesentlicher Bestandteil an Ortsnamen, die bisher immer auf das Lateinische zurückgeführt wurden, kann mittels des Baskischen erklärt werden, so die bisher immer als gallisch-römisch bezeichneten Ortsnamen auf **–nich**, interpretiert als -iacum, die bei genauerem Hinsehen einen Ackerbau (nek-azalgo = Ackerbau) in den rheinischen Börden- und Lößlandschaften bezeichnen.

8.) Aber auch andere Namen werden traditionell auf römische Wurzeln zurückgeführt, z.B. Pesch, das aber richtiger auf bask. „bazka" = Weide bezogen wird und nicht auf lat. „pascua" (wenn auch im Sinne gleichbedeutend). **Denn Vaskonisch ist im Rheinland älter als das Lateinische.**

Ein strittiger Name ist jedoch der Name "Kamp", den man üblicherweise von lat. campus ableitet.

Eine auf dem Baskischen fußende Deutung geht von „kanabera" = Rohr, Schilf aus, doch scheint dagegen zu sprechen, dass das "a" in kanabera nicht zu "e" verschoben worden ist, abgesehen von der Form Kempen. Allerdings kommt

dieses Beharren auf einem älterem Lautstand durchaus vor, wenn auch nicht
so oft.
Wir haben oben bereits einige Beispiele genannt, Laach, Abelsnaaf u.a.
Man bezieht solche Namen gerne auf das Lateinische, weil man andere
Wurzeln nicht kennt, man ältere Namen als römische nicht für möglich hält und
weil der Bezug auf das Lateinische leichter geglaubt wird, da das Lateinische
einen höheren kulturellen Rang einnimmt.

9.) Erstmals werden die Ortsnamen auf **–erich, -ich, -lich, -kirchen, -weiler, -kallen- und –hellen** als ureuropäische bzw. vaskonische erkannt.

Bei der Suche im Wörterbuch der baskischen Sprache nach Entsprechungen
zu rheinischen Ortsnamen wird in der Regel die **erste Silbe des Baskischen**
aufzusuchen und diese zur Erklärung heranzuziehen sein.

Beispiel: Maischoss an der Ahr
Erster Teil des vermuteten ureuropäischen Namens ist „Mai" von „mai-la" =
Hammer, der zweite Teil ist „schoss" von „sut" -egi = Schmiede.
Bei Namen, die mit einer Silbe beginnen, die im Baskischen sehr häufig
vorkommt, wie z.B. **ber-** oder **ger-**, muss eine passende Erklärung gesucht
werden, zum Beispiel einen Begriff aus der Landschaft.
Eine letzte Unsicherheit bleibt dennoch wegen der zahlreichen Möglichkeiten
bestehen.

Beispiel für **ber-**:

ber-	= derselbe
ber	= einzig (und allein)
ber-a	= einweichen
ber-beratasun	= Identität
ber-din	= gleich

ber-dotz	= beschwipst
ber-eizi	= sich unterscheiden
ber-rets	= bestätigen
ber-magune	= Stützpunkt
ber-rar	= zurückerobern

Beispiel für **ger-**:

ger-alde	= Halt, Stillstand,
ger-iza	= Schutz, Schatten
ger-la	= Krieg
ger-nu	= Harn
ger-o	= Zukunft
ger-ta	= geschehen

Sonstige Beispiele:
Fronrath bei Kall/Eifel:
zusammengesetzt aus **ber**-egana = sich aneignen, erwerben und **on** = Gut,
ergänzt um die Silbe **-rath,**
> Burg (an einem angeeigneten oder erworbenen Gut).

Widdig bei Bornheim/Bonn:
der Name wird geteilt in Wid **= bide =** Weg und in –ig, von **ig**-aroaldi >
Übergang, also ein Weg und Übergang über den Rhein.

Aus Namen der „slawischen" Siedlungen auf den dänischen Inseln:
Glindtzetofft:
bask. **lintz**-ura = Sumpf, + Anlaut-K, hier G; Tofft, Anlaut-T, wie so oft im
Baskischen, bask. **opari** = Geschenk, zum Geschenk machen, schenken. >
Demnach wurde vermutlich etwas durch Versenken im Sumpf geopfert.

Aus den rheinischen Matronennamen:

Alagabie (1x), **Alagabiae** (1x):	Haus Bürgel bei Monheim	Ala = Schmerz, gab-ezia = Entbehrung

Eine Muttergöttin, die gegen Schmerzen und Entbehrung oder den Schmerz
der Entbehrung angerufen wurde.

10.) Die Fälle, in denen ein volles **vaskonisches Wort im Bestimmungsteil**
auftritt, und nicht nur die erste Silbe, sind verhältnismäßig selten.
Beispiele:
Blatzheim an der Neffel: Blatz ist ein kaum umgeformtes „belaze" = Aue
Zweifall (Ortsteil von Stolberg): zwei Täler und damit zwei Auen vereinigen
sich, fall = bel-aze = Aue
Schleiden im Kreis Euskirchen: hier steckt in dem Namen ein leize = Abhang
mit Anlaut-S

11.) Man muss bei der Betrachtung der Bedeutung eines Wortes aus dem
baskischen Wörterbuch immer berücksichtigen, dass in dem Zeitraum
zwischen der Vergabe eines Ortsnamens, der ungewiß ist und heute, der aber
sehr erheblich sein kann, durchaus eine **Bedeutungsverschiebung**
eingetreten sein kann.

Am Beispiel „Hemmerich" im Verhältnis zu „Hemmersbach" wird klar,

dass die namengebenden oder namenumformenden bereits deutsch- oder germanischsprachigen Menschen oder die noch vaskonisch sprechenden Menschen den Sinn der vaskonischen Namensbestandteile noch verstanden. Hemmerich aus „hammar" = Krebs und „erich" = „erreka" = Bach als rein baskisch, Hemmersbach ebenfalls Krebs-Bach, erreka wurde also noch als Bach verstanden, und an Stelle von -erreka wurde -bach eingesetzt.
Wir dürfen in dieser Erscheinung ein Zeichen von Zweisprachigkeit sehen, ganz gleich, ob man sagt, sie verstanden noch die alte Sprache oder sie sprachen schon die neue Sprache.

12.) Entstellungen
Die Möglichkeiten der Entstellungen (Verballhornungen) sind ohne Grenzen.
Man muss alle auch gut deutsch klingenden Wörter hinterfragen, es könnte doch eine Entstellung dahinter sein.
Beispiele:
Unterbach, ein an sich unsinniger Name, es gibt keinen Oberbach und Unterbach.
Lösung: Un = ur = Wasser, r=n, ter = turr-usta = Wasserstrahl
Königswinter, bisher oft gedeutet als königlicher Weinberg
Lösung: gun-eka = stellenweise, ig-aroaldi = Übergang, benta = Wirtshaus,
> also Wirtshaus am Rhein, wo stellenweise ein Übergang, vielleicht eine Furt oder ein Fährbetrieb, möglich war.

13.) Die Wörter **apa** und **mar** stehen nicht als Einzelwort im baskischen Wörterbuch, sondern nur als Wortzusammensetzungen.

apa	apa-buru = Kaulquappe, apa = Bach, Wasser
mar, bar	mar = bar = ver = Wasser mar-iorratz = Wasserjungfrau, Libelle mar-inel = Matrose bar-atze = Gemüsegarten, der bewässert wird

kall	steht nicht im bask. Wörterbuch, ist aber bei **Schuchard** in "Baskisch und Hamitisch" S. 324 belegt. kala iberisch = Burg Beispiele sind Kall zwischen Mechernich und Schleiden, Zerkall bei Nideggen, Simonskall südlich Hürtgenwald, Verkall bei Kalkar, Kollenburg in Willich, Hellenthal südl. Schleiden (lautverschoben Kallental zu Hellental).

14.). Betonung auf der zweiten Silbe

Nicht nur manche Unerklärbarkeit der Namen machen sie "verdächtig", einer älteren Sprachschicht zuzugehören, sondern auch die Betonung auf dem zweiten Teil des Namens.

So werden z.B. die Namen in den betreffenden Orten anders ausgesprochen als in der neuhochdeutschen Hochsprache, auf dem zweiten Teil betonend, im Beispiel unterstrichen.

Neu<u>werk</u>

Kalden<u>kirchen</u>

Eus<u>kirchen</u>

Rhein<u>berg</u>

Gelsen<u>kirchen</u>

15.) Ortslagen als Bestätigung der Deutung

Eine besondere Schwierigkeit der Deutung von Ortsnamen besteht dann, wenn die Namen nur aus dem heute vorliegenden Wortbild heraus interpretiert werden sollen und keine Kenntnis der Ortslage hinzukommt.

Oft ist nämlich bei Kenntnis der Lage darin eine Bestätigung zu finden oder es ergibt sich, dass eine Lösung so unmöglich ist. Z.B. wenn eine "Hochstraße" in einer Talaue liegt.

Leider ist es dem Schreiber nicht möglich, die Deutung vieler Namen durch Besuch des Ortes zu prüfen, da die Folgen eines Schlaganfalls dies unmöglich machen.

24

Schließlich muss eingeräumt werden, dass bei einem gewissen Anteil der Ortsnamen unsere Deutungen mit einem "wahrscheinlich" oder einem "vermutlich" versehen werden müssten, wenn auch die große Linie dabei, das was durch das Buch grundsätzlich ausgesagt werden soll, m.E. nicht angezweifelt werden kann.

<u>Literatur:</u>
- Georg von der Gabelentz: Baskisch und Berberisch, Sitzungsberichte der Preussischen Akademie der Wissenschaften zu Berlin, 1893
- Schuchard, Hugo: Baskisch und Hamitisch, Revue international des etudes basques, Band 7, 1913
- Germania Semitica: Theo Vennemann gen.Nierfeld/Patricia Noel Aziz Hanna, Berlin, De Gruyter Mouton, 2012

3. Aus dem Vaskonischen ableitbare sowie bisher nicht gedeutete deutsche Wörter

Die aufgeführten Wörter stellen zunächst nur Entsprechungen dar. Wenn auch zu vermuten ist, dass viele deutsche Wörter aus dem Baskischen ins Deutsche übergegangen sind, weil Deutsch nach unserer Auffassung eine Mischsprache aus vaskonisch und indogermanisch ist, so ist trotzdem eine Entlehnung aus dem Deutschen nicht ganz auszuschließen, auch wenn es sich um wenige Fälle handeln mag.

Zum Verständnis sollte der Leser sich mit einem Wörterbuch Baskisch-Deutsch vertraut machen wie mit den Lautvertretungen nach *Georg von der Gablentz*, die wir im ersten Teil dieser Schrift (Kapitel 2) erläutert haben.

A	Baskisch
Aalschokker	**zog-i** = behutsam, vorsichtig, g = k
"mit Ach und Krach"	**ek-in** = Anstrengung, **kraska** = Krach
Achse	**hax** = Achse
Acker	**alor**, arlo, alor > (r zu g, l zu r) = a-g-o-r = dt. Acker; vgl. lat. ager = Acker, Feld, vgl. ON Arlon (Belg.-Lux.)
Ahorn	**eihar** = Ahorn
al	**al** = denn, etwa; al im Niederdeutschen und im Niederländischen tritt auf im Sinne von "schon", "obgleich", "wenn auch", "was immer", "wer immer"
Alaaf	**alafede**= in der Tat; "alaaf", tusch, vgl. auch ahd. alafesti = ganz bestimmt, sicher
Altar	**aldare** = Altar
ahd. **altgilari**	**gela** = Zimmer, Stube, Raum, Kammer = Stammhaus

Amen	**amai =** beenden; Ende eines Gebetes, Amen
Andere, Anderl	**andre, andere** = Frau; süddeutsch = Frau, Mädchen
Anker	**aingura** = Anker
ändern	**alda (tu) =** (sich)wandeln, sich verändern <> anderer (l = n), vgl. lat. alter
ändern lassen	**aldaraz =** ändern lassen, (l = n):
aneignen	**zuengana** = (auf euch) zugehen, sich aneignen
Ant-	Antwort, Entgegnung, Ant-litz: **antza isan** = ähneln, gleichen
Antwort	**er-ant-zun** = Antwort
ver**äppelt**	**apal**-etsi = demütigen; „veräppeln"
Ar, (Adler)	**arrano =** Adler, rr = d, rr = l
Ar-beiten	**ari izan** = sich beschäftigen, sich befassen, sich betätigen, dabei sein, etwas zu tun; siehe zusammengesetzte Wörter
Artesischer Brunnen	**artesi** = Riss, Spalte, > Brunnen, der sich aus Wasser aus Erdspalten speist
"Au":	**auhen** = Jammer, Wehklagen, schreien
auf:	**aupa** = auf;
ahd. **azzen**	**az**-piko= Futter; vgl. mhd. atzen = abweiden, speisen, füttern: ahd. az = Fraß, Aas

	Zusammengesetzte Wörter:
Zum „**Anker**"	könnte sein **arr**-oztegi = Asyl, Heim, Gaststätte, rr=n, **ger**- iza = Schutz suchen
arbeiten	**ari** = sich beschäftigen, sich befassen, **baita** = Inneres, auch, ebenfalls: konzentrierrt sein
Armbrust	**arr**-otz = Fremder, rr=n oder rn, > arn, entstellt > arm, **ber**-ar = zurückerobern, **(r) ost**-ekope = überwältigen; mhd. berust/berost
Aschen-puttel	**az**-pil = Napf, Krippe, **(p) uz**-kurtu = verzagen, einschüchtern
Askenasi	**aska**-si = Stamm, Geschlecht, **nahasi** = gemischt
ahd. **azi-ger**	**az-kon** = Wurfpfeil, **garai** = siegen,schlagen; vgl. mhd. ati-ger = eine Art Wurfspieß, Speer

B	Baskisch
Bach	**baga** = Woge; vermutlich Ursprung von "Bach"
bädschenass	**bat**-aia = taufen, panschen; sehr nass??
balla-balla	**barra-barra** = in Hülle und Fülle
Balg	**sabel** = Bauch; (s = b, b = g) > "Balg", mit Konsonantenumkehr
balgen	**beldur** = belgur = Schrecken, Furcht; d = g
Ball	**bala** = "Ball"= Kugel
bannen	**bana** = vertreiben
„**bar** jeder"	**bar-ik** = ohne; vermutlich wie "bar jeder....", also im Sinn von "ohne"

„Bär"lauch	**ber-**akatz = Knoblauch;
Bauer	**bur-**jabe = unabhängig, autark;
Baum	**zuhamu** = Baum; h zu p (zu-"pamu"); mit Vokalzusammenziehung au > Paum
bauschen	**puz**go = Schwellung
Beere	**marr**ubi m=b, barr = beer
beide	**bi** = zwei; „beide"
beiern	**baja** = sich abmelden; „beiern" ist ein besonders Läuten der Glocken, am Niederrhein noch üblich oder wieder eingeführt
Bein	**bin-**aka = zu zweien, paarweise; vgl. Gebein = zwei Beine
Benden	**pentze** = Wiese; meist Talwiesen
beten	**bedeinka =** segnen, weihen; > beten
Beltze-Bub	**beltz** = schwarz; „Schwarzer Mann", "Schwarzer Peter", "zwarte Piet"
bereit	**garaiz** = zur rechten Zeit, rechtzeitig, beizeiten; g=b
Berg	**hark-**aitz = Fels, h=p, p=b, k=g
Berg-isch**:**	er- **ar-**io = Feind; (b)ar +Plural-k = Berg, Bergisches Land. War das Bergische Land einst aus der Sicht der Ureuropäer Feindesland? Besetztes Land? Es scheint so.
Berme	**berme** = Garantie, Gewähr; „Berme" im Korschenbroicher Platt erhalten, auch als Außenlagerung
bestürzen	**dur-duz-a** = Bestürzung, Verwirrung, verdutzen; mit Anlaut-S

Bete, Rübe	**beterraba** = Rübe; "rote Beete"
Biene	**erle** = Biene, r=n, l=b, erle = enbe <> imb-e, Biene > Umkehr Bienen = ienbe = Immen, b = m = imb-ker = -gar-rai = transportieren, befördern <> Wanderimkerei ker = zare = Korb, z=k, mnd. kar = Korb <> Korbimker, -ker = gotisch = kas, anordisch ker = Gefäß, Korb;
„Bier"	**ber**-dotz = beschwipst, „verdutzt"; „Bier"
„Bildung"	**bil (du)** = versammeln, zusammenkommen, lesen, pflücken, ansammeln; vgl. dt. Bildung
binnen	**in-guru** = Umgebung, Umkreis; **(r)ing**- = Ring, innen
Binse	**pentze** = Wiese
Birke	wahrscheinlich aus p-urki = **urki** = Birke; i = u
bisschen	**pitin** = winzig
bisschen	**pixka** = bisschen
Blagen	Blagen auch im Sinne von Kinderschar, **(b)lagun** = Mensch, Freund
blau	**urdin** = blau, Konsonantenumkehr u r-d = u l-b, r=l, d=b, + Konsonantenumkehr zu b-l-u = blau
„blöde"	**mozolo** (m zu b, l = l, z zu d) mit Konsonantenumstellung m-z-l = b-l-d = blöde
blöken	**balaka** = blöken
Blume	**lili =** Blume, Blüte; „Lilie"
Blut	**odol** = Blut; Konsonantenumkehr mit P-Anlaut > (p)lod > Blut
Blutverlust	**odoluste** = Verblutung; „Blutverlust"

Boje	**buia** = Boje
Boot	**potin** = Boot
Bordell	**borda** = Hütte; Bordell = kleine Hütte
Borsten	**brotxa** = (Borsten)-Pinsel; Konsonantenumkehr bro > Bor
Bote, Dienstbote	**ot**-sein, **(b)ot**-sein = Hausdiener, Dienstbote;
breit	**bereizi** = sich unterscheiden, auseinander halten; spreizen, breit
Brot	**ber**-az = weich, ber = br, **ot**-ordu = Mahlzeit, Mahl, **ogi** = Brot, g = d, d =t
Brocht	**ordots =** Eber; ndt. Brocht (d zu b, ts zu ch, r = r), mit Konsonantenumkehr
Brocken	**porroska** = Brocken, por = bro, s = k,
brodeln	**borbor** = brodeln, sprudeln; b = d
brodeln	**bordar** = zittern, zucken; r = l
Bruder	**haurride** = Bruder, h=p, p=b, au=u,rr=d, d=r
brummen	**burrunba** = brummen
Brunnen	**burruntzali** = Kelle, Schöpflöffel; > Schöpfeimer
buddeln	**buztin** = Lehm
Buche	**pago** = Buche
Büchel	**buz tin** = Lehm, Lehmgrube, z = ch, **al**-or = Feld, Büchel = Lehmfeld
Bule, Liebchen	**bular** = Brust, Busen; l = s

bumstisch (plötzlich)**:**	**pun**-pa = Abprall;
Burg	**buru**-k = abwehren; buru mit Plural-k
Busch	**musk-er** = grünen, Busch, m=b;
Busen	**bular** = Busen, (l zu s)
Busserl	**mus**-u = Kuss, m und b sind austauschbar, und ergibt mit einem Anlaut-S unser bekanntes **schmusen,** urkelt. bussu = Mund, Lippe
ndt. „**buten**"	**uti**-kan = weg da, fort von hier, mit Anlaut-B; ndt. buten = nach draußen
	Zusammengesetzte Wörter:
Baldrian	**bel**-ar = Kraut, **zirr**-ara = Gemütsbewegung, zirr = zri = dri, **en**-dur = schwinden (= sich beruhigen)
Berührung,	**ber** = einzig, **uki**-gune = Berührungspunkt; auf jedem Ufer nur ein Berührungspunkt **"Brücke"**
Bekassine	**baga** = Woge, bach = beck; **geza =** fade, geschmacklos; **zin**-gira = Sumpf, Morast; Ein Vogel, der im morastigen Niedrigwasser, auch Brackwasser, auf Nahrungssuche geht
Bergfried	Berg: (p)**ar-erio** = Feind, Gegner, > (p)ar-k =Plural-k = Berg; fried **= biri**-bil = rund, **id**-ulki = Sockel; > Feind + Sockel mit Rundturm
blicken	**bil** = versammeln, lesen, **ik**-us = sehen
Bollwerk	**bul**-zada = Stoß, Anstoß, oder **porr**-oka = zertrümmern, rr=l, **werk** = berri +k = neu
Brei	**ber**-a = einweichen, **eh**-o = mahlen, **ei**-hera = Mühle

brennen	**ber**-rets = bestätigen, bestärken, bekräftigen, **erre** = verbrennen, - erre = enne, rr = n
Brink	**ber**-din tu = einander angleichen, **(r)ing**= Umgebung, Ackerrain, Rand,
Broich	**ber**-rager(tu) **=** wiederauftauchen, borbor = brodeln, **oih**-an = Wald, Busch
Broich	**bor**-bor = brodeln, bor = bro, **ihi** = Binse
Bruch	**ber**-rager(tu) **=** wiederauftauchen, **uh**-olde = Überschwemmung
brüllen	**orro** = brüllen, **orro**= Gebrüll; vermutlich von p-orro, (p zu b, r = r, r zu l) > brül

D	**Baskisch**
Deckel	**tapa** (p zu k) = Deckel
Deichsel	**en-daitz** = Deichsel, Steuerruder, tz = ch, n = l mit Konsonantenumkehr
Delle	**tak-ka** = Zusammenstoß, k = s, s = l, "Delle"
demütig	**umil** = demütig, l=d, Umkehrung > limu l=d, > dimu, vgl. lat. humilis = demütig,
dement	**tai** = Unterbrechung, **ments** = Mangel, geistesschwach
dick	aus den Kombinationen d=g, =l, =r, =b, =s, =z, und k=g, =z, =t, =b wählen wir d=g, k=b aus: > **dick =** **gibel =** Hinterseite, "was der einen Giebel hat! " (= Hintern)
toi-toi-toi:	**doi-doi =** das Nötige, genau passend

„doll"	**dur**-duzaraz(i) = verwirren, bestürzen; dur > dul, dul = dol, "doll"
Donner	**trumoi** = Donner, Konsonantenumkehr t-r-m bzw t-r-n > t-n-r
"Ge**döns**"	**tun**tun = (baskische) Handtrommel
Dorn	**elorri** = Dorn, l=d, rr=n, =rn
dreschen	**zarta** = aufbrechen, zerplatzen, zerspringen, z=d, t=ch;
Dreck	**digeri** = verdauen; > "Dreck", mit Konsonantenumkehr
dörren	**i-dor** = dörren, Dürre
Driesch	**derrig**-ortze = Zwang oder **trisk**-antza = Zerstörung
dröhnen	**durunda** = dröhnen
dumm	**tuntun** = dumm
dünn	**zun-tz** = Faser, z=d
dürr	**agor** = (g zu d) dürr, unfruchtbar > dorr: vgl. verdorrt, idor = dürr, trocken
ver**dutzen**	**dur-duz**-araz = verwirren, bes**türz**en, ver**dutz**en, siehe auch "Dussel"
Dutzend	**dozena** = Dutzend
	Zusammengesetzte Wörter:
über- **drüssig**	**derr**-igor = zwangsweise, **us**-adio = Gewohnheit

Dünkel	**duin** = menschenwürdig, **gal**-du = verloren gehen; > "verlorene Menschenwürde"
Dunst	**lurr**-un = Dunst, Dampf, l=d, rr=n, **setia** = umschließen, = Dun-st
dribbeln	**zir**-kulu = Kreis, drehen, **ib**-ilera = Gang, Gangart, Tritt

E	**Baskisch**
Egel	**edale =** Egel, d=g, (z.B. Blutegel)
ehemalig	**ohi** = ehe-malig, vormalig
Ehre	**ohore**= Ehre
Eiche	**haritz =** Eiche, **itz=** eich-, Eicher, i = ei, tz = ch,
Eichelhäher, Häher	**kakara** = gackern; „Häher", „Eichelhäher", im Deutschen lautverschoben
Eid	**aitor** = Geständnis, Zeugnis, Beichte, Zeuge
eignen	**ber-egana** = sich aneignen
einst	**antzina** = einst, vormals
Eis	**isotz** = Eis
eitel	**eite** = Anschein, Ähnlichkeit
elend	**lander =** elend, mit Konsonantenumkehr
Elfe	von **alaba** = Tochter, elb, alb; siehe auch Erl-, Erlkönig
elkaar, einander	**elkaar**= gegenseitig, einander; **ndl.** elkaar = gegenseitig, einander
er	**ar =** Männchen, männlich

Erd-beere	**marr-ubi** = Erdbeere, m=b, **marr** = Beere
Erde	**erdi**-alde = Mitte, Zentrum; **erdi** = Hälfte, die eine Hälfte ist unter uns, die Erde, die andere über uns
Eremit	**eremu** = Feld, Wüste, öde
Ene , mene, mu, und raus bist du	**ene** = ach du meine Güte, **maina** = Trick, Kunstgriff, **mu-gi** = sich regen, bewegen
Erle	**haltz**= Erle; ndt. else, lat. Alnus *"erkennt Th. Frings in niederländisch-niederrheinisch-westfälischem, also istwäonischem Verband. W. Foerstes Untersuchungen sichern das Wort, heute auf Westfalen beschränkt, nach Ortsnamen und historischen Zeugnissen in ursprünglicher Verbreitung bis zur Weser, im Süden bis zur niederdeutschen Sprachgrenze und darüber hinaus......"* *"Typ else, elze gilt im Niederländischen auch in ausgesprochen nichtfränkischen, ingwäonischen Gebieten....." "else steht gegen deutsch erle, eller wie *alizo-: *aliso-"* (G. Lerschner, Studien zum Nordwestgermanischen Wortschatz, S. 74/75) Bask. haltz = (l zu r, tz zu l und s) >Arle, Erle, Alsen, (r zu l, l zu n) > alnus (lat.);
Erl-könig	Tochter = **alaba,** Erl = Elb, r=l, l=b, b=f, Elfenkönig, vgl. "Erlkönigs Töchter"
erlösen	**berrerosi** = loskaufen, erlösen; **bere** - halako = sofort, unverzüglich, r=l, ros = los

Erlöser	**berrerosle** = Erlöser; **bere** - halako = sofort, unverzüglich, Konsonantenumkehr osl = los
erneuern	**eraberrri** = erneuern; ist hier ein baskisches Wort in indogermanische Form eingesetzt worden?
Ernte	**arnari** = Frucht; „Ernte", ahd. arn, arnot = Ernte
erobern	**opar-o =** reichlich, üppig, **bern = berr-ar =** zurückerobern, wiedererobern, oder das "ar" ist an den Anfang des Wortes gesetzt worden und bedeutet eigentlich "her", umgekehrtes "re"?
errichten	**eraiki** = errichten, erbauen, k = ch
euch	**zuek =** Sie, Euch (?); Sie (z = s, u = i,); Euch (uek = euk)
Eule, heulen	**ulu egin =** heulen; ulu = uhu, l =h, Uhu
Extern-Steine	Das Wort "Extern" ist m.W. noch nirgends schlüssig erklärt worden, ein Bezug zum Baskischen würde aber einen Sinn ergeben. Demnach ist "Extern" ein zusammengesetztes Wort aus den Bestandteilen etxe = Haus, Heim, (das sich wohl auch "exte" spricht) und der zweiten Silbe von al-derri = Vorort, Nachbarort, Vorstadt. Nach den Sprachgesetzen des Baskischen (von der Gabelentz) wird aus derri <> tern, (rr > rn, d <> t). > etx-tern. Die Extern-Steine waren also bewohnt; da sie gut zu verteidigen waren, können sie als Wohnburg angesehen werden. Laut Wickipedia (Stichwort Extersteine, 2015) haben neuere Thermolumineszenz-Untersuchungen der Brandspuren in den Räumen der Felsen ergeben, dass die älteste dieser Spuren vom 6. bis 10. Jahrhundert anzusetzen ist.

Diese Angabe trifft sich mit manchen anderen Anzeichen über die letzte Zeit, in der noch das Baskische im Rheinland lebte, wenn auch nur in Resten. Sollten also die Extern-Steine letzte Zufluchtsstätten der baskisch sprechenden Urbevölkerung oder einer Bevölkerung gewesen sein, deren Sprache eine baskisch-germanische Mischsprache darstellte?

F	Baskisch
Farn	**garo** = Farn, g = b
falsch	**faltsu** = falsch; wahrscheinlich Lehnwort
„Feeds"	**bateria** = Schlagzeug; > „Feeds" ‚Unsinn, Unfug
Fehler	**falta** = Mangel; wahrscheinlich Lehnwort „es fehlt"
Feind	**gaind-i** = besiegen, g=b, b=f
Fels	**haitz** = Fels, h=p, p=f, ai=e, tz=l, tz=s
fern	**barna** = tief, quer durch
Fetzen	**pilda** = Fetzen; (p zu f, l zu d, d zu z)
feucht	**busti** = nasswerden
„fies"	**biska** = Vogelleim; "fies"
Filou	**bilau** = Schuft, Luder, gemein, niederträchtig; „Filou", wahrscheinlich Lehnwort?
Flach, platt	**zapal, zabal** = flach; aus tapal > (Konsonantenumkehrung t p l > p l t) > platt
Flaum	**lum-**atza = Flaum; p-lum, (Wegfall des anlautenden P), luma = Feder

„Flausen", Flusen	**belus** = Samt; (p)**belus** > "Flausen" im Kopf
Franken	**franko =** viel; sollte hier der Schlüssel für die Deutung des Stammesnamens der Franken liegen? Oder die beiden folgenden Stichworte?
frank	**ber-**reros = loskaufen, erlösen, **eng-**oitik = nunmehr, von nun an, eng = ank
"frank und frei"	**ber-**reros = loskaufen, erlösen, **eng-**oitik = nunmehr, **bir-**gai = rehabilitieren, frei; = von nun an losgekauft und rehabilitiert
„frasseln "	**berraz-**ter= nachprüfen; "frasseln"
frei	**bir-**gai = rehabilitieren
Führer	**buru =** Spitze, Kopf, Oberhaupt; b wie f gesprochen
aus**führen**	**buru-tu** = ausführen, durchführen
Flitter	**lit**-s = Franse; (p)lits > Flitter
Furz	**puzker** = Furz (p zu f, z zu r, k zu z) (Konsonantenumkehr)
	Zusammengesetzte Wörter:
sich ins **Fäustchen** **lachen**	in- **(p) auzi** = Streit, **zain** = überwachen, zain = chen, **leh-**ia = wetteifern,
fertig	**berr-i** = neu, **teg-i** = Anlage, Lager, Anstalt; > da ist etwas Neues erstellt worden
Fettehenne	**bat** = sich vereinigen, **en-**ara = Schwalbe > in Köln Straßenname "Unter Fetten Hennen" bedeutet "unter den vereinigten Schwalben" vor dem Abflug zum Süden

Firlefanz	**birla** = Kegel, **barr**-abas = Schelm, Lausbub, barr = ban = fan, rr=n
fitschen	**pitza** = splittern, p = f, tz = ch; Bohnen fitschen, "Fitsche-Bohnen", (Schnibbel-Bohnen, Schneide-Bohnen)
Flittchen	**lits** = Franse; (p)lits > "Flittchen, ts = tz =ch
Flittchen	**bil**-au = Luder, Schuft, gemein, niederträchtig, **lit**-s = Franse
Flöns	**bel**-tz = schwarz, **ontz**-i = Gefäß, Topf; „schwarzer Topf" = Blutwurst Sollte die rheinische (kölsche) Blutwurst ein baskisches Erbe sein?
Flucht	**bel**-dur = Furcht, **uk**o egin = verwehren, sich weigern, Verzicht
Flur	**(p) lur** = Erde, Erdboden, Grund
flüssig, fließen	**bel** = **ber**-rager **=** wieder auftauchen, ber = bel, r=l, **is**-ur = fließen
Flügel	**hegal** = Flügel, h=p, p=f, hgl Konsonantenumkehr f l g
Fratz(e)	**ber**-ezi = eigentümlich, eigenartig, **az-pijoko** = falsches Spiel, Intrige, **az-pikeria** = (Heim)Tücke, **az-pilan** = Verschwörung, z = tz
frech	**ber**-ezi = eigentümlich, eigenartig, **az-arri** = kühn, z=ch, **az-kar =** stark, schnell, rasch, klug
fressen	**berr**-etsi = bestärken, bekräftigen, **az**-piko = Futter, ahd. mhd. = azzen = essen; "ver-essen" = fressen

Freund	**berr**-etsi = bestärken, bekräftigen, **eusle** = Halt, (im Sinne von Unterstützung) mit Konsonantenumkehr, s=d, l=n,
Friede	**bir**-rin(du) = zermalmem, zerquetschen, **tai** = Unterbrechung (des Krieges?)
Frieden	**bir**-a = Umkehr, **zan**-patzaile = Unterdrücker, z = d
frieren	**ber**-ets = bestärken, **iz**-otz = gefrieren, = fr-iz, iz=ir, = frier-en
Fronhof	**ber**-etu = aneignen, **on** = Gut
Fuchsdöüwelsweld	**bosk**-oitz = fünffach, **doi** = das Nötige, **bel**-agile = Zauberer, **beld**-urgarri = schrecklich, furchtbar, sehr wütend sein; > es sind fünf Zauberer notwendig, um so wild zu werden
Fuchtel	(p)-**ug**-azaba Hausherr, **tal**-de = Mannschaft, **tal**-dekide = Gruppenmitglied; lat. pugnare = kämpfen (für einen Herrn), unter der „Fuchtel" des x
Furche	**bur**-u = führen, **za-intza** = Pflege, Betreuung, z=ch
Furcht	**bur-u** = Oberhaupt, trotzen, sich sträuben, **ug**-azaba = Hausherr

G	Baskisch
Gackeiern	**gako** = Schlüssel, **era**-gotz = hindern, stören bzw. **era**-kuntza = Irrtum, Fehler > **gackeiern, vergackeiern.** Zu dieser Entstellung wird das Wort „errun" = Eier legen beigetragen haben, zusammen mit vermeintlichem Gackern.

Gabel	**sarde** = Gabel (s zu g, r zu l, d zu b) und Konsonantenumkehr s r d = g b l
Gang	**ganga** = Gewölbe
Gans	**antz**ara = Gans
garen	**gar** = Flamme
Garn	**hari** = Garn (h = g)
Garten	**ortu** = Garten; ortu mit Anlaut-G, vgl. lat. hortus, fraglich, ob Lehnwort
Gaul:	**zaldi** = Pferd; "Gaul", (z zu g oder k, l zu u, u zu au, d zu l) l zu b, b = m, Kamel, Kaballo
Gebrüll	**orro**= Gebrüll; vermutlich von p-orro, (p zu b, r = r, r zu l) > brül
Gedöns	**tun-tun** = Trommel > "Gedöns"
gehen, gen	har-en-**gana** = ein her gehen, auf sie ihn zugehen, ira-**gan**-aldi = Vergangenheit, ira-**gan** = vergehen, ahd. **gan,** und reduplizierend **gangan** = gehen,
Geier	**putre** = Geier; vgl. „Puter", der aussieht wie ein Geier
Geier	**sai** = Geier, s = g
geil, geilen:	**geilen** = (hervor)ragen, emporragen, sich abheben, überwiegen, übertreffen, siegen; > "sich aufgeilen"
Geiz	**gaizki** = Übel, schlecht;
gelb	**beilegi** = gelb; Konsonantenumkehr b-l-g zu g-l-b
gern	**grina** = Eifer, Leidenschaft, Laster; "gern", Konsonantenumkehr

Gerte	**zarta** = Gerte (z zu g)
Gerste	**gar**-agar **=** Ger-ste, **sast**-ada = Einstich; > die Grannen der Gerste können stechen
Gesundheit	**osasun, osasundun** = Gesundheit, gesund
Girlande	**birlanda** = umpflanzen, bir = gir, b=g, girgulu = Fußfessel, ahd. wiara ▪ Kranz, mhd. wieren = umflechten,
Gicht	**jasa** = Niederschlag, Schauer; O.N. Jesa = schäumendes Wasser, ahd. mhd. jesan, jesen = gären
Glucke	**koloka** = brütend; > "Glucke"
"gö-beln"	1. **goi-bel** = traurig werden, verstimmen, im Sinne von "Magen verstimmen" 2. **goi**-tika = sich erbrechen, **pal**-anka = Hebel;
grabschen	**garb**-itu = plündern
grau	**gris** = grau; rheinisch gris = grau
Groll	**gorrota** = Groll, rr=l
Auf **Grund** laufen**:**	**honda** = stranden, h=g; **hond-ar** = Grund
Grund	**gar**-azta = begießen, **urt**-urrusta = Wasserstrahl, gewandelt > -untur, > -und, > gar-und, > grund
grunzen	**kurrinka** = grunzen, Magenknurren
„gund"	**gudu** = Kampf; vgl. ahd. "gund" = Kampf
Gurgel	**girgilu** = Fußfessel
gurgeln	**gargara** = gurgeln; r = l
gurren	**kurruka** = gurren

Gürtel	**gerriko** = Gürtel: gerri = Taille
gürten	**zingila** = gürten; zingeln, umzingeln
	Zusammengesetzte Wörter:
Ganerbenburg	**gan**-abera = Kammer**, erpin =** Kuppe, Spitze, Höhepunkt; Fachausdruck für eine Burg, die auf mehrere Eigentümer aufgeteilt ist,
Ge-fuhr-werkt	**bul**-ka = Antrieb, schub, bul = bur , **werk** = neu, > neuer Antrieb, burutu = ausführen, erledigen, zum Abschluß bringen
Gericht	**ger**-ta = sich ereignen, geschehen, **ih**-arduki = streiten
Germanen	1**. kar** = Kalk, **men**-di = berg: die von den Kalkbergen kommenden 2. **kar**-gu = Amt, Posten**, men, men-de** = Herrschaft, mendekatzaile = Rächer, **men**deraezin = unbesiegbar, mendeko = Untertan: die ein Amt innehaben und die Herrschaft (m.E. beste Deutung des Namens) 3. **ger**-rari = Krieger, **marru** = brüllen, rr=n, manu = Befehl, **man**ukor = gehorsam, fügsam: gehorsame oder brüllende Krieger (in der Schlacht)
Gewalt	**gab**-ezia = Entbehrung, Not, Mangel, **beld**-ur = Furcht, Angst; Not und Angst
gewinnen	siehe Stichpunkt **Wirren**
Glück	**gal**-e = Wunsch, **ug**-aritasun = Überfluß, Fülle; > Wunsch nach Fülle
Graben	**gar**-azta = begießen, **ap-a** = Bach, Wasser
Gräuel-Tat	**gar** = Flamme, **auh**en = Jammer, **al**-atsu = schmerzhaft

Grieß	**ertirin** = Grieß, r=g, t=s, >g-s-ie-r > G-r-ie-s; teilweise Konsonantenumkehr
Grube	**ger**-iza = Schutz suchen, oder **ger**-tu **=** in der Nähe, **hobi =** Schacht, Gruft, Grab, Grube
grün	**gar**-azta = begießen, **ur =** Wasser, ur **= un;** "das mit Wasser begossene"
Grund	**gar**-azta = begießen, **hond**-o = Grund, **hond**-ar = Sand, Grund, h=s,
den Garaus machen	**gar**-ai = besiegen, schlagen, **aus**-ka = Kampf,
Giebel:	**gibel** = Hinterseite; auch Hintern
groß:	**gora egin** = anwachsen, zunehmen, sich erhöhen, **oso** = ganz, gesamt

H	Baskisch
haben	**hab**-oro = mehr, meist
Hagel	**harri** = Hagel, (Stein), r zu g, r zu l
hager	**argal** = hager; r=h, l=r, mit Konsonantenumkehr
Hain	**zuhain** = Baum, Viehfutter
Haken	**kako** tu = hakenförmig biegen, einhaken, k = h
halber	**halaber**= gleicherweise, desgleichen, ebenfalls, auch; (z.B. gerechtigkeitshalber)
Halde	**ald**-apa **=** Berghang, Steigung; ahd. halda = Abhang
Halle	**harrera** - areto = (Vor-) Halle, rr = l

Halt:	**held**u-leku = Anhaltspunkt, Halt, ebenso **geld-**ialdi = Halt, g=h
Hammer	**hebain** = schlagen, verprügeln, schwach werden; "Hammer"
Handi-kap	**handi** = groß, **gab**-ezia = Entbehrung, Not
Hans	**herr-i =** Dorf, Volk, Nation, rr = n; = han(s) vielleicht als Symbol für die unterworfene Bevölkerung: Hans Wurst, Schmalhans Küchenmeister, Hans Muff
Hardt	**lahardi** = Gebüsch
Harfe	**harpa** = Harfe
Harden-Ordnung (40 Mann)	**sard**a = Schwarm, s > h
Harn	**gern-u** = Harn (g zu h)
Harz	**erretzina** = Harz; mit Anlaut-H
Hasardeur, **Kühnheit**	**ausardia** = Kühnheit, **ausarditsu** = kühn
hasten	**hastan** = sich entfernen; „hasten“, **hatsan** = keuchen, schnaufen
hart	**hert**-sa = einengen, zwängen, drängen, unter Druck setzen; bedrängt werden ist hart
Haus	**us** = Umkehrkonsonant von **su** = Feuer, **us,** **hus** = Haus, da wo ein Herdfeuer brennt
Haus	**Haus (Name) = auzi, auzi =** Viertel, Weiler
Hecke	**hes-i** = Hecke, s= ch, ch = k, "Hag", s = g, ch = g
aushecken	**azti** = Hexe, z = k, "aus-hecken"

"Heia popeia, was raschelt im Stroh?"	**heia** = Stall, **pop**a = Heck, **ia** = beinahe, hier ergibt sich eine Vermutung auf ein altes Kinderlied, das den Sprachwechsel überdauert hat
Heister	**zu-haizti** = Baum, Baumgruppe; vgl. "Heister"
heiter	al-**ait**-su = heiter
heizen	**haize** = Wind, Luft, Blähung; haizezta = durchlüften, entlüften
Henker	**hank**-a = abhauen
her	**haz-i** = wachsen, (heran)ziehen, groß werden, r = g, g =z
herausziehen	**erauzi** = herausziehen, ausreißen, entfernen
Herbst	**harrapatu** = fangen, schnappen, ergreifen; „Herbst"
Herde	**saldo** = Herde; s>h, l>r,
heulen	**ulu**= heulen (= Eule)
Hilfe	**helpide** = Hilfe
hin	**hil,** l=n, = sterben, umkommen, töten; > hinscheiden, hinrichten, hindern, Hingabe, hinnehmen, hinfallen
Hindernis	**traba** = Hindernis, Behinderung; „Treppe"
hin<u>ken</u>	**herren e<u>gin</u>** = hinken, rr=n, e=i,
Hirn	**garun** = Hirn, g = h, häufig a=i
Hocke	**kuku-bilko** = Hocke; **kuku-** = Hocke, k=h
Höhe	**goi** = Höhe, g=h
Höhe	**gora** = Höhe, h=g, h= r

hohl	**ikol** = hohl, k=h
Holz	**holtz** = Holzwand
Holz	**(r) egur** = g=h, r=l, r=z, > **r-hul, hul-z,** **ohol** = Holzbrett, (r) **ohol** > r=z, ohol-z, holz
Holz	**oholtza, oholtzar** = Brettergerüst, Bohle, Planke, Holzgerüst
Hohn	**hon-dakin** = Ruine, Trümmer; im übertragenen Sinne "Hohn"?
"hösch"	**hos**-gabe (tu) = den Schall dämmen; rheinisch lautlos, leise
Hurra!	**gora** = hoch, g= h
Hurra!	**gora** = hoch, g= h
husten	**hustu, husten** = sich entleeren
	Zusammengesetzte Wörter:
Hamarithi -Wald	<u>hamar </u> = zehn, <u>**(r)id**</u>-oi = Pfütze, Laache,; > Zehn-Pfützen- Wald, Zehn-Laachen-Wald, Zehn-Seen-Wald
Hartriegel	la-**hardi** = Gebüsch, (r)-**igal-i** = Frucht; > Frucht des Gebüschs
hauen	**hau**-ste = Bruch, **hauts(i)** = zerbrechen, zerspringen, **en**-bor = Baumstamm, **hau**-ts = zerbrechen, **an**-itz = zahlreich, viel, oft
Hellendorn	**kall** = Burg, **gorr-ota** = haßerfüllt, g=d, dorr = dorn oder Hellen = Kallen = Burgen + al-derri = Vorort, Nachbarort, -derri > tern, dorn

Hipp, hipp, hurra	**hebain - hebain egin** = verprügeln, zusammenschlagen, **hurrupatu** = ausbeuten, **hurrupatsaile** = Ausbeuter, > die Ausbeuter zusammenschlagen
Humbug	**hon**-da = stranden, **bog** = rudern
hundert	**ehun** = hundert, **zarta** <> dert = zerspringen, z=d
hutzelig	**huts** = hohl, leer; Duden: runzelig, dürr, welk, eingeschrumpft

I	**Baskisch**
Irrer	**ero** = Irrer, Verrückter
Insel	**izaro** = Insel; z = s, r = l; **irla** = Insel, r=l, l=s, + Konsonantenumkehr; ahd. isila = Insel
ahd.„**irm**"	**irmo** = fest, standhaft; ahd."irm" = groß, stark
Italiker	Ital könnte auch izar gelesen werden, t zu z, l zu r. Aus izar ergibt sich izaro = Insel, Isel, mit Infix "n" daraus Insel. also kann "ljssel" eine ehemalige Insel und die Urheimat der Italiker gewesen sein. (Stimmt mit H. Krahe überein.)

J	**Baskisch**
ja	**ia** = beinahe, fast, nahezu
Jagd	**ehiza** = Jagd; e=a, h=g, z=d
jauchzen	**jauzi** = springen, hüpfen;
jeder	**edonor**= jeder, jedes, jede, jedermann
jeder	**edo-zein** = jeder, jede, jedermann, irgendjemand

Junker	**jaun** = Herr, **gar**-ai = siegen
Juks	**jukutria** = Gaunerei, Betrügerei; wahrscheinlich Bedeutungswandel, wenn die Gleichung überhaupt stimmt oder **joko** = Spiel
Jacke	**jaka** = Jacke

K	Baskisch
Kamille	**kamamila** = Kamille
Kabenzmann	**gab**-ezia = Not, Entbehrung, Mangel, **antz** = äußere Erscheinung, Ähnlichkeit, **men**-doi = Haufen, Berg; > Not, die einem Seefahrer wie ein Berg ähnelt, eine Riesenwelle, ein Tsunami
Kacke	**kaka** = Kot; > Kacke
Kain's-Mal	**keinu** = Geste, Wink, Zeichen ? **Kain** und **Abel** also Kain wie Zeichen und Abel = Rind, Nutztier, Vieh
Kalb	**kabala** = Vieh, Nutztier; "Kalb"
Kalkofen	**kar-obi** = Kalkofen, r = l
Kalle	**kale** = Straße; kelt. kalluakos, kallukkos, mbret. callouch = Abzugskanal, Regenrinne
kallen	**kalaka** = Geschwätz; vgl. plattdeutsch, niederdeutsch, ndrrheinisch = "kallen",
kalt	**geldi** = bewegungslos, regungslos, stillstehend, langsam; "er hat ihn kalt gemacht", (getötet, dann ist er regungslos)
Kännchen	**kan-ila** = Wasserhahn; "Kännchen"

Kante:	**kantoi** = Straßenecke, "Kante"
Käse	**gaz**-ta = Käse, g=k, z=s
Kamin	**tximinia** = Kamin; a = i, tz = ch = k
Kammer	**ganbera** = Zimmer, Stube, Gemach; " Kammer", „Kneipe", mit Konsonantenumkehr
Kamp	**kanabera** = Rohr, Schilf, vgl. (k-n-b) "Kamp", urk. kumba = Tal
Kappe	**kapelu** = Hut
kaputt	**puska** = kaputt machen, zerschlagen, zerspringen; pus-ka = ka-pus = kaputt, s=d,d=t, + Konsonantenumstellung
Karden	**kardu** = Distel; vgl. „Karden"distel
Karzer	**kartzela** = Gefängnis
Kar-woche, hermen, verhermt	**karmin** = bitter, verbittert; vgl. ahd. kara = Trauer, verhermt, **gar**-raztu = verbittern
Karren	**orga** = Karren, Wagen; (g zu k) + Konsonantenumstellung
Kasse	**kaxa** = Schachtel; "Kasse"
Kate	**kezta** = räuchern; z = d, d =t
Kater	**katar** = Kater
Katze	**katu** = Katze
keck	**kexati** = unzufrieden, mißvergnügt; "keck", vielleicht Bedeutungverschiebung

keilen	**is-kil**-u = Waffe: "keilen" = kämpfen, Prügel austeilen oder beziehen
Keim	**kima** = Zweigspitze, Spross
kein	**ezein** = kein; z=k
Kette	**kate** = Kette
Kikiriki	**kukurruku** = kikeriki (Vokalwechsel u > i)
Kille-kille	**kilika** = Reiz, Kitzel; vgl. "Kille-kille"
Kind	**gan**-bela = Krippe; vgl. lat. gens = Geschlecht, Sippe
Kinkerlitzchen	**kinkila** = Kurzwaren, **lits** = Franse; > "Kleinigkeiten", "Nebensächlichkeiten"
Kiesel, Kies	**gisu =** Kalk
Kissen	**kuxin** = Kissen, (u zu i)
Kiste	**kutxa** = Kiste; (siehe wieder Vokalwechsel von "u" zu "i", auf den Hans Kuhn schon hinwies)
Kitzeln	**kitzikatu** = reizen, schüren, stimulieren; "kitzeln"
Klatsch	**klask** = Klatsch
klauen	**gaulan** = Schmuggel, gaul = glau > klau
Kladde	**koaderno** = Heft; "Kladde" ?
klein	**kin-kila** = Kurzwaren; > kurz, klein, kinka = mißliche Lage, n = l
„kloppen"	**kolpe** = Schlag, Streich; "kloppen"
knarren	**karranka** = knarren; Konsonantenumkehr
Knarre	**karraka** = Knarre, Schnarre

„Kneif"	**ganibet** = Messer; „Kneif"zange, engl. „knife"
Knies	**iskan**-bila = Aufruhr, Tumult, Krawall, Radau, mit Konsonantenumkehr; > Knies = rheinisch Unstimmigkeit, Streit, Zank
„Knospe"	**krosko** = Rumpf; r = n, "Knospe
„Knotz", **"knubbel"**	**kondo** = Stummel; "Knotz", "Knubbel"
Knusper	**kurruspa** = Knörpel; "Knös", "Knoosch", "Knusper-Knäuschen", (rr = n), "Kroos" (rr = r)
kochen, Küche, **Kuchen, süß**	**gozo** = süß, schmackhaft, lecker, wohlschmeckend, sanft, g=k, g=s, z=ch
Kohle	**ikatz** = Kohle, tz=l
kokolores	**kokolo** = doof; "kokolores", Unsinn
Korn	**garau** = Korn (g zu k), r=rn
„Kordel"	**korda** = Strick; "Kordel"
„Köschken"	**kosk egin** = beißen; rhein. "Köschken", Endstück eines Brotes
„Koi"	**koi**-pekeria = Schmeichelei; >**"Koi",** rheinisch "red nicht so 'nen Koi", im Sinne von Unsinn
Köter	**toto**= Hund; (t zu k) ergibt koto = "Köter"
„Köter"	**(k) ozar** = Hund; „Köter" oder (t)ozar, (t zu k)
„kotzen"	**kutzu** = Makel, Nachgeschmack; "kotzen"
„Krott"	**krosko** = Rumpf, Kleinkind, s = d, d = t

Kötter, verheimlichen	es-**kut**-tatu = verheimlichen; „Kötter"
Krabbe	**karramarro** = Krabbe; m = b; **hamarratz** = Krabbe, h=g, g=k, m=b, rr=r, mit Konsonantenumkehr
Krach	**kraska** = Krach
krachen	**krak egin** = krachen
krächzen	**karraka** = krächzen
Krampf	**karranpa** = (Muskel)Krampf
Kran	**garabi** = Kran, b = l, l=n
Krater	**krater** = Trichter, Krater
Krieg	**gerra** = Wirren, Wirren = winnen, rr=n; Krieg will man gewinnen
Kreide	**karaitz** = Kreide, tz=z, z=d
krollig	kis-**kur** = lockig, kraus; rheinisch "Krollekopp", = Kraushaarkopf
Kuckuck	**kuku** = Kuckuck
Kuhle	**zulo** = Loch, z = d, d = t, t = k
-kunde	**-kuntza** = Kunde; vgl. hezkuntza = Erziehung, -kuntza als Begriff des geistigen Lebens, gehobener Sprache, z.B. antola-kuntza = Veranstaltung, Organisation
Kupfer	**kupiki** = Kupfer
kurz	u**zkur** = zusammenziehen, einschrumpfen,

kühmen	**hoben** = Fehler, Schuld, Sünde; rheinisch "kühmen", "köhmen", klagen, h zu k, b zu m
kühn	**ausarditsu** = kühn; "hasard"
Küste	**kostalde** = (See)küste
	Zusammengesetzte Wörter:
Karfunkel	**gar** = Flamme, **bol**-bora = Schießpulver, l=n, **kal**-apita Getümmel ?
Karauschen	**karr-amarro** = Krabben, Krebs, Strandkrabbe, **auzi** = Streit, beißen
Kastell	**gez-i** = Wurfpfeil, **tal**-aia = Wachtturm
Kaulquappe	Kaul = **zulo** = Loch, k=t, Quappe = **gab**-ezia = Not, Bedarf, + **apa** = Wasser; > Kaulquappe hat Wassermangel im flachen Wasserloch
Kinkerlitzchen	**kinkila** = Kurzwaren, zusammen mit bask. **lits** = Franse > "Kinkerlitzchen"
Kiwief	**gibel** = Hintergedanke, Argwohn **+ bip** = kahl; > rheinisch "Kiwief", "auf 'm Kiwief sein", **ib**il = begehen, benutzen
Klabaster	**kale** = Straße, **bazter** = Winkel, Ecke, entlegen, abgeschieden
Klabautermann	**kal**-apita = Getümmel, **pau**-so = Schritt, Tritt, **tarr**-apata = Hast, Getümmel, **zal**-aparta = toben, poltern, **tal = ter**, **men**-dekatzaile = Rächer oder **men**-deko = Untertan, **men** = lautlich "mann" ; > Klabautermann von polternd, lärmend umhergehen

Klamauk	**kal-aka** = Geschwätz, **mauk**-a = Gelegenheitskauf, Bedeutungswandel?
Klatsch	**klask** = Klatsch
Kleber, kleben	**gil-tza** = zuschließen, ineinanderfügen, **bar**-auts = Geifer; "Kleiber"
Kleid:	**giltza(tu)** = ineinanderfügen, gil = glei = klei, **it**-satsi = kleben, haften, it = eid
knapp	**gan**-oradun = ordentlich, **gar**-aitz = zur rechten Zeit, rechtzeitig, beizeiten, **gar = gan,** r = n, **ep-e** = Frist > im Sinne von knapper Frist
Knecht	**kan**-potar = Fremder, Ausländern, **nag**-usi = die Vorherrschaft gewinnen, **gat**-abu = Gefangener
Ruprecht	**(r)ub = (r)um**ant, b = m, = Held, "ruhm", **bert**-ako = Einheimischer, bert-ako > ber-ak-t > berecht, > unter der Vorherrschaft der Fremden ist er ein Held der Einheimischen
Kneipe	**gan**-bera = Kammer, Zimmer, **ip**urtohol = Schemel; >Kammer mit Schemel aus Holz
Knüppel	**kan**-potar= Fremder, Ausländer, **uz**-tarpe = unterjochen; z = t, Knüttel = Knüppel, t = p, **zal**-aparta = toben, poltern
Knute	**kan**-potar = Fremder, Ausländer, **ud**-alzaingo = städtische Polizei
Krawall	**gar**rote = Knüppel, **gar**-aitu siegen, schlagen, **bel**-dur = Angst, Furcht
krank	**(k)-er**-i = krank **+ ank**-er = grausam; oder

	ger-aldi = stillstehen, still-liegen, ank = **eng**-oitik = von nun an
kraus	**kiz-kur =** sich locken, sich krausen; "Kroll-"
Krieg	**gerr**-a = Krieg, **ik**-ara = Schrecken, **ek**-in = etwas in Angriff nehmen, unternehmen; <> Wirren, g = w(b)
Küpper, Küfer	**(K) upel** – Faß

L	**Baskisch**
Labbes	**lagun**= Freund, Kumpel, Mensch; > (g zu b) rheinisch "Labbes"
lassen	**laga** = lassen (g = s)
Lack	**laka** = Lack
lang	**denb**-ora = Zeit, d=l,b=g; lange Zeit, vgl. lat. tempora
Land	**landa** = = Feld, Acker," Land"
Lanze	**lantza** = Lanze
Lärche	**laritz** = Lärche, tz = ch
Late	**lagun** = Mensch, Freund, Kumpel, g=d, d=t; Höriger und Unterworfener
Latte	**lata** = Blech,"Latte";
lau, fleu	**lau**= flach, eben, schlicht; „(f)leu" = fast ohnmächtig, „für lau" = fast unentgeltlich
Lausbub	**laus**-engu = Schmeichelei; lat. laus = Lob, vielleicht auch Schmeichelei ?
Laute	**laut** = Laute (Musikinstrument)

lax	**laxo** = locker, schlaff, nachlässig, schlampig, lax;
Leben	**lab-aki** = Neuland
"lecker"	**leka** = Schleim, Geifer; (im Munde zusammengelaufenes Wassser)
Leder	**larru** = Leder, rr = d
Lee	**haize-be** = Lee = be, b = ll
Leinsamen	**lin**-azi = Leinsamen
leise	**isil** = leise; Konsonantenumkehr
leicht	**likits** = schmutzig, schlüpfrig, obszön; vgl. "leichte" Mädchen
-lin, -lingen	**leinu** = Volksstamm, Sippe, Geschlecht; vermutlich = "-ling", "-lingen"
Linse	**ilar** = Erbse, Linse; Konsonantenumkehr, r = n; **lente** = Linse, t=ch, ch=s
loben	**laud-**atu = loben; d=b,
Loch, "ein-lochen"	**lok-arri** = fesseln, rr=n
locker	**loka, koloka** = locker,
Los	**zori** = Los, Glück, Schicksal; (r zu l, z zu s) + Konsonantenumkehr
lösen	**deslo(tu)** = lösen, abgehen, losmachen, + Konsonantenumkehr
Löwenzahn	**luberri** = Neuland, rr=n, > **luben** = Löwen, **zerra** = Säge, rr=n, "Säge-Zahn"
Luder	**lotsa** = Scham, Schamgefühl; rhein. „Schlodder"

58

Lug (und Trug)	**luk**-ikeria = Schlauheit
Loreley	**lor**-tezin = unerreichbar, **lei**-ze = Abgrund

M	Baskisch
Macke	**mak**al = schwächlich, **mak**al-tasun = Schwäche; **meko** = schwächlich, gebrechlich
Magd	**mag**-al = Schoß, Brust, **gaz**-teria = Jugend, z=d
Mai	**mai**atz = (Monat) Mai
Maid	**mait**-ale = Liebhaber; „Maid" „Mädchen"
Malz	**malta** = Malz
Mama	**mama** = Flüssigkeit
Mangel	**mengel (= mergel)** = abgezehrt; "ausgemergelt" n = r
Mann	**men**-deko = Untertan
Mast	**masta** = Mast, Mastbaum; "Schiffsmast"
Mats	**mat**-rail = Backe, Wange; vgl. ahd. „mats" = Speise
Mark	**mugarri =** Grenzstein, Grenze, Konsonantenumkehr m-g-r > m-r-g(k); ahd. maracha = Grenze, Bezirk
Mauer	**murru =** Mauer; vgl. lat. Murus = Mauer, Lehnwort?
"**Maul**"wurfhügel	**moino** = Hügel; > (n zu l) urk. moil, mello- = Hügel, "Maul"wurf
mauscheln, muscheln	**mutxuka** = muscheln;
meckern	**marraka** = meckern, rr = rn, Konsonantenumkehr

meistens	**maiz**= oft, häufig; vgl. "meistens"
Meister	**maiseatu** = zurechtweisen; „Meister"; **maisu** = Grundschullehrer; gotisch leisar, m=b, b=ll, s=rr; maisu <> laisu
Melaten	**mailatu** = Prellung, Beule; „Melaten" heißt der Zentralfriedhof in Köln und war früher ein Friedhof für Leprakranke
Menhir	**men** = Herrschaft, **hir-o** = verwesen, sich zersetzen, verfaulen; die Herrschaft des Verwesens (unter den Grabsteinen)
ausge-„**mergelt**"	**mengel** = abgezehrt; (mergel n = r, ausgezehrt, ausge"mergelt")
Metzchen	**matxinada** = Aufruhr, Aufstand; > vgl. "Metzchen"
Mief	**pipa** = Pfeife, m=b, b=p, p=f
Mieze	**mitxina** = Miezekatze; -ina = Suffix für klein > "kleine Miez"
Milch	**milika** = lecken, ablecken; got. miluks, i>u,
mindern	**mendratu** = vermindern, verringern
Mispel	**mizpira** = Mispel, (r zu l)
Mohr	**morroi** = Knecht, Hausdiener, Kerl; „Der Mohr hat seine Schuldigkeit getan"
sich mokieren	**mokoka** = picken, sich zanken
fiese **möpp**	**populu**= Volk, Mob; (p zu b, b zu m) rheinisch "möpp"
Morast	**padura** = Sumpf, Moor, Morast; (p = b, b = m, d = r) = Moor, vgl. Paderborn, **ast**-un = schwer **oder Mor-ast:**

60

	mar- = Wasser, **satsu** = schmutzig; > **mar-ast,** mit Konsonantenumkehr ts > st
"Mösch" (Sperling)	**mozolo** = Steinkauz; > "Mösch", (z zu ch) rheinisch "Mösch"
motzen	**moztu, motz** = kürzen, abschneiden; > "motzen, Rede abschneiden"
Mücke	**marmutxa** Insekt; "Mücke", Wassermücke?
keinen **Mumm** haben	**mun**-ta = Belang, Wichtigkeit?
-münden, Mündung:	**munta** = zusammenfügen, -bauen, -setzen, ahd. mund, lat. mentum = Kinn, cymr. mant = Kinnlade; > murr-u <> mun, rr=n,
auf-„**müpfig**"	**botere** = Macht; auf -"müpfig", (b zu m, t zu p)
„**Murks**"	**murrizketa** = Einschränkung; rheinisch "Murks"
murmeln	**marmar** = murmeln, murren, knurren, brummen
Muscheln	**muskuilu** = Miesmuschel
Mutter	(m)**ama** = Mutter; **mutil-lagun** = Freund, Verlobte > Mutter
	Zusammengesetzte Wörter:
Mumpitz	**mun**-tagabe = belang-los, **mun**-ta = Belang, Wichtigkeit; **pix-**ka = bißchen, wenig von Belang
Mor-ast	**mar-** = Wasser, **satsu** = schmutzig; > **mar-ast,** mit Konsonantenumkehr ts > st

N	Baskisch
Nachtkerzen	**gar**-ai = Höhe, **zain** = warten auf; > eine hohe Pflanze, die auf die Nacht wartet (um neue Blüten zu entfalten) oder **geriza** = Schutz suchen
nah	**neg**-ar = weinen, h=g, "das geht ihm nahe"
Nase	ar-**nasa** = Atem
Narretei	**narrita** = Streich, Stichelei
Narr	**narritari** = Narr, Närrin, Spaßmacher
nass	**nazka** = Ekel; nazkante = fies, <> nass, für Leute aus einem trockenem Klima wird nasses Wetter als ekelhaft, fies empfunden worden sein
Neffe	**neba** = Bruder einer Frau, Bedeutungsverschiebung
nehmen	**eman** = annehmen, aber auch viele andere Nebenbedeutungen wie sich hingeben, sich widmen, erteilen, überreichen, vergeben, verleihen, zuteilen, zuweisen, übertragen, ausschauen, verbringen, zubringen, nachgeben, sich dehnen, mit Konsonantenumkehr an = ne + men
nichts	**txint** = nichts; Konsonantenumkehr
Ndl. **nooit**	**noiz** = wann, **noiz**-ean = manchmal; (z = t) <> **ndl.** nooit = niemals
Not	**nozi(tu)** = erleiden; "Not"

O	Baskisch
oben	b=g, b=m, b=p, **oga-sun** = vermögend, **omen** = ehren, **oparo** = reichlich

öde	**ut-ziets** = verlassen; „öd"
Opfer	**opari** = Opfer
Ort (Ruhrort)	**ord**-ain = Entsprechung, **ord**e = Ersatz, anstelle, **ord**-ea = hingegen, dagegen
Osten	**oste** = Hinterseite; dt. "Osten"
Oster	**oster** = Spaziergang; siehe "Osterspaziergang" bei Goethe
Ofen	**hobi** = Grube, Schacht, b=p=f
Ostern	**ostargi** = Helle; g = r, dadurch ostargi > ostarri = ostarn , vgl. Ostern
Otter	**otso** = Wolf; itsas otso = Robbe ("Wasser-Wolf")
Otter	**ozar** = Hund; vgl. Ottersbach

P	**Baskisch**
Pacht	**bahi** = Pfand, Bürgschaft; "Pacht"
paffen	**bafada** = Dunstwolke, Zug beim Rauchen;
pattsch naß:	**bet**-e = anfüllen, voll Wasser
Pfahl	**paldo** = Pfahl;
Pech	**bike** = Pech
peinigen	(p) **oinaze(tu)** = peinigen, quälen; Lehnwort?
Petersilie	**perrexil** = Petersilie; (r zu d) > peddesil
Petsch	**pet**-ral = Kleidersaum; (Kleiderfalte)
Plaster	**txaplata** = Pflaster; Konsonantenumkehr

Pfütze	**putzu** = Pfütze
Pickel	**pikor-ta** = Mitesser, Pickel; (r zu l);
Pickhacke	**pikatzoi** = Pickhacke, Spitzhacke;
Pike	**pika** = Spieß; (k zu s bzw. z), "Pike"; pies mit Anlaut-S
Pinsel	**pintzel** = Pinsel; tz zu s
„Piep"	**pipa** = (Tabaks)-Pfeife; "Piep"
„Pinte"	**benta** = Wirtshaus; rheinisch „Pinte", bent-a > bert-a = Wirt (n = r); Kneipe
„Pips"	**pipita** = Pips; leichte Erkältung
Piss	**txiza** = Piss, Harn; (t = p) <> Piss
Piss	**pixa** = Piss, Harn;
Pistole	**zizpoleta** = Pistole, K-umkehr
plantschen	**pelatu** = nass werden; plantschen mit n-Erweiterung
Planke	**palanka** = Hebel
platt	**zapal** = flach, platt; z = t, Konsonantenumkehr t-p-l > p-l-t
Platte	**plater** = Teller, Gang, Gericht; „Platte"
Plattfisch	**platuxa** = Scholle; "Plattfisch"
plätsch-naß	**pelat**-u = naß werden
plitsch-platsch	**plisti-plasta** = planschen, patschen; Konsonantenumkehr
Pocken	**pikota** = Pocken

Pöllen	(p)**oilasco** = **J**unghuhn; (p)**oilanda** = Junghuhn; rhein. „Pöllen"
Polster	**poltza** = Beutel, Tasche, Tüte; vgl. "Polster"
"Popo"	**popa** = Heck; "Popo"
Puspas	**poz** = Freude, Jubel, oder **pus**-ka = Brocken, **pas**-stel = Kuchen; (**Puspas** ist ein gebräuchliches Wort in Mönchengladbach und Korschenbroich für eine besondere Birnensorte) Zum Hintergrund: Auf der Spätkirmes in Neuwerk im September 2009 konnten Besucher ein Kompott verzehren, das zu gleichen Teilen aus Äpfeln, Birnen und Pflaumen besteht und auf einer Schnitte frischem Weißbrot gereicht wurde. Es handelte sich dabei um ein altes rheinisches Gericht, das „Puspas" genannt wird und der Kirmes noch heute ihren Namen gibt. Je nach Region mischte man früher das Puspas anders: während im Raum Heinsberg, Grevenbroich und Gladbach nur Obst in die Mischung kam, war im Viersener und Kempener Raum auch eine Fleischbeigabe üblich und in Duisburg und Düsseldorf nahm man auch Möhren dazu. Für die ursprüngliche Bedeutung des Wortes schaut man ins Rheinische Wörterbuch: Hier wird Puspas als „Mischmasch" bezeichnet, was den Zustand sehr treffend wiedergibt. Allen lokalen Variationen dieses Gerichtes gemein ist aber die Beigabe von Birnen. Beim weiteren Nachforschen stößt man dann auf eine Überraschung.

	Es wurde nicht einfach nur das im Spätsommer reife Obst für das Kompott genommen, sondern es gab dafür in manchen Gegenden auch eigene Birnensorten, die dessen Namen trugen. Die „Puspas-Birne", von der es kleinfrüchtige und auch eine rotfleischige Sorte gab, hat – zumindest früher – in vielen Gärten im Raum Giesenkirchen, Odenkirchen und Rheydt gestanden, um spätestens bei der Spätkirmes ihren Auftritt zu bekommen. Beliebt waren auch Wettrennen und Geschicklichkeitsspiele mit voll Birnen gefüllten Schubkarren. Die Puspas-Birne kann daher zu Recht als eine bedeutsame, lokale Obstsorte für Mönchengladbach bezeichnet werden, aber auch im Raum Neuss-Grevenbroich war sie verbreitet. Die Sorte war auch am Liedberg bekannt. In Korschenbroich sollen (im Jahre 2014) wieder einige Bäume stehen (Wikipedia)
Purzelbaum	**txilipurdi** = Purzelbaum, baum = (p) oin = Grund,
Purzel-baum	**ipurtzulo** = Arschloch; purt > "Purzel"baum, -baum = bun-, bul- = Stoß, drängen, vgl. "to pull", purzel **< purt** + (zel = zulo = Loch);
„Put"	**mutiko** = Knabe, Bube; <> rheinisch "Put", (m zu b, b zu p),
um – par	**hun-ki** = ergreifen, treffen; und **parr** = unentschieden; Wer kennt noch das Abzählspiel, die Entscheidungsregel **um-par,** meist von Kindern ausgeübt?
Puppen	**pupu** = Wehweh; rheinisch „schläft bis in die Puppen"
pusten	**putzu egin** = pusten, blasen; Konsonantenumkehr tz <> st

Putz	**buz-tin** = Lehm, Ton; zum Bauen von Häusern, mit P im Anlaut ergibt sich Putz, putzen im Sinne von verputzen beim Bauen
	Zusammengesetzte Wörter:
Poz **Blitz**	**poz** = sich freuen, **bel**-dur = Furcht, **iz**-u = Entsetzen, Grausen (im ersten Wort drückt sich die Freude des Teufels aus, wenn er Furcht und Entsetzen verbreitet)
Potz **Donner**:	**poz** = sich freuen; **zorrozkeria** = maßlose Strenge, z=d, rr=n, z = r, **ton**-takeria = Dummheit
Poz tau send	**poz** = sich freuen, **zaus**-kada = Erschütterung, z = d, d = t, **sant**-utegi = Heiligtum?, oder **sarr**-aski = Gemetzel
vor**preschen**	**ber**-matu = sich anstrengen, sich bemühen, **es**-ets = angreifen, verfolgen; > sich bemühen anzugreifen
prötschen	(p) **ber-otu** = erwärmen, erhitzen, **ot**-ordu = Mahl; > verköcheln beim Zubereiten des Mahles, rheinisch "prötschen"
Prügel	**ber**-matu = sich anstrengen, sich bemühen, **ukal**-di = Hieb, oder **egur** = Prügel, g = k, r = l
Aschen-**puttel**	**az**-pil = Napf, Krippe, (p) **uz**-kur = verzagen, einschüchtern; (p)uz- kur z=t > Aschen-"**puttel**" + Anlaut-P. Nach dieser Deutung hat das Wort Aschenputtel also nichts mit Asche zu tun, sondern mit dem Gefäß, in das das Mädchen die Erbsen lesen sollte.

Q	Baskisch
quitt:	**kebide** = Schornstein, (wie Rauch durch den Schornstein), der Rauch ist weg
Quecke	**siehe quick**
quick	**gib**-el = Ausdauer, **ig**-okari = Kletterpflanze; die Quecke ist eine ausdauernde und sich unterirdisch verzweigende Unkrautart
Quiss	**gib**-el = Ausdauer, **is**-kilu = bewaffnen; **quiss =** got. Streit, im Korschenbroicher Platt Quiss ebenfalls als Dauer-Streit erhalten
Qual	**gab**-ezia = Not, Entbehrung, **al**-a = Schmerz
Quelle	**kab**-uz = auf eigenen Antrieb, **erre**-ten = Rinne, rr=l
quillen	**kab**-uz = aus eigenem Antrieb, **il**-do = Rinne, Furche, l = n
Quirl	**kim-a** = Zweigspitze, m=b, kima(tu) = sprießen, Bäume beschneiden, **birl-a** = Kegel; kib - birl
quer	**zehar** = Flanke, hindurch; "quer", z = q bei *von der Gabelentz* nicht erwähnt
Quark	**gab**-ezia = Not, Entbehrung, **arg**-al = mager, hager
Quast	**gab**-ezia = Not,Entbehrung, **ast**-o = Bock, Gestell, Staffelei
quängeln	**gab**-ezia = Entbehrung, Not, **anker** = grausam

R	Baskisch
Rabe	**erroi**
Rache	**(r) eg**-oskor = zäh, unnachgiebig, beharrlich

68

Ramsch	**amai** = Ende; „R-am-sch", das was am Ende, als Letztes verkauft wird,
Ränke, Ränkespiel	**(r) eng**-ain-a = täuschen, betrügen, schwindeln
Raps	**olio-arbi** = Kohlrabi brassica; Konsonantenumkehr arbi > Raps
Rasen (Wiese)	**soro** = Wiese, Feld; vgl. "Ras"en mit Konsonantenumstellung s-r = r - s
Rasse	**arraza** = Rasse
Rast	**atseden** = Erholung, Rast, ausruhen; Konsonantenumkehr r-atseden > r-ast-eden)
Ratte	**arratoi** = Ratte
Raub, Räuber	**harrapari** = Räuber, Plünderer
räuchern	**kezta** = räuchern; z.B. "Katen"-schinken
Rauchschwalbe	**(r) uk**-uilu = Stall, = "Rauch" mit Anlaut-r, Stallschwalbe
Razzia	**(r) atzi (tu)** = fangen, **erraz-ta** = auskehren, fegen
Rebhuhn	**eper** = Rebhuhn; (vaskonisch/baskisch R-eper) Umkehrung des R , eper = Repe
Reede	**arada =** Reede; auf Reede liegen
Rehkitz	**orkatz** = Reh; Konsonantenumkehr or > re, "Rehkitz"?
Reifen	**ailara** = Reifen, Fassreifen, < **(r) ail**-ara, l = p = f mit Anlaut-r
Reim	**er-rima** = Reim

Reß (Prügel kriegen)	**(r) es**-tira = Qualen, Folter, Schläge bekommen; rheinisch "er kriegt „Reß" (Prügel)", mit Anlaut-R
Rhabarber	**arabarba** = Rhabarber
Rain	**(r)il-do** = Furche, "Rille", "Rinne", l=n, mit Anlaut-R
riechen	**keru** = Gestank; Konsonantenumkehrung rek-u > dt. „riechen"
Rille	**ildo** = Furche; **(r)il-do** <>"Rille", "Rinne", d=l mit Anlaut-R
Ring	**ing-uru** = Umgebung, r-ing = umringen, mit Anlaut-R
Roggen	**(r) ogi** = Brot
Röggelchen	**(r) ogi** = Brot; rheinisch "Röggelchen"
rot	**gorri** = rot, g = r, rr= d, d=t
"rösen"	**asalda (tu)** = sich empören, sich entrüsten, l = r ; vielleicht von r-as-, r-as-en, wie rheinisch „rösen", Konsonantenumkehr
Rotz	**gorotz** = Kot, Mist; "Rotz"
ruppig	**(r) ufa egin** = blasen, > ein ruppiger Wind = ein blasender, stürmischer Wind, mit Anlaut-r
	Zusammengesetzte Wörter:
Radau	**(r) ad**-ore = Mut, **tau**-pada = Herzschlag; mit Anlaut-r
Ringwall	**„ing"uru** = Umgebung („Ring"), **bel**-dur = Furcht; aus Furcht einen Ring „Wall" errichten
rudern	**ur-terr** = Wasser-Land, rr= rn, Konsonantenumkehr; man bleibt auf dem Wasser wie auf dem Land, wenn man rudert

Ruhm	(r)**um**-ant = Held, (r)**ik**-ur = Wahrzeichen, ik-urrin = Fahne; „ruhm reyke" Berge (=Bergisches Land), wenn Helden mit ihrer bergischen Fahne losziehen oder…..
ruhm reyke berge	**(r)** **um**-ant = Held, **(r) ik**-ara egin = beben, zittern, berge = Feinde **(p-arerio** = Feind); > Helden, vor denen Feinde erzittern
Rotte, zusammenrotten, Rudel	**ot-so** = Wolf, auch Wolfsrotte > Dopplung
Raderkastendoll	**(r) az-ar**-ri = kühn, **gaz-ter**-ia = Jugend, **dur**-duzaraz = verwirren, verdutzen; "so kühn wie die Jugend, so verwirrt", mit Anlaut-R
Rübezahl	**(R) ug**-agazaba = Hausherr, b=g, zahl = **zer**-u = Himmel, r=l, > Herr des Himmels, mit Anlaut-R, zer = zel, zel > lat. cael-um = Himmel
rupfen	= zupfen, r=z

S	Baskisch
"Sabbel"	**sabel** = Bauch; "Säver"
Sack	**zaku** = Sack
Säcklein	**sakela** = Tasche; "Säcklein"
"Säver"	**sabel** = Bauch; "Sabbel"
Säge:	**sega** = Sense; vgl. Säge.
Sand	**hondar** = Sand; h > s
saugen	**zurrut** = saugen (z = r, r = g)

71

saugen	**surrupa** = saugen, r = g
Schalmei	**txanbela** = Schalmei; n=l, b=m
Schaluppe	**txalupa** = Schaluppe, Fischerboot
Schanze	**zaintze** = Bewachung
schaukeln	**kulunka** = schaukeln, pendeln, schwingen; schunkeln, Konsonantenumkehr
schächten	**sakail-a** = Schnitt, Schnittwunde, Gemetzel, k = ch
Scheit,	**zerra-tegi** = Sägewerk, rr = d, d = t, **Holzscheit**
Scheide, Grenze	**zed-**arri = Grenze; „Scheide"
Scheiße	**sesio** = Stunk; = "Scheiße"
Schemel	**txalma** = Sattel; mit Konsonantenumkehr txa-mal = "Schemel"
Scherflein	**sari** = belohnen, mit einem Preis auszeichnen, **(r)ab**-erastasun = Reichtum, **-ila** = -lein
Schiff	**habearte** = Schiff; (Lautvertretung h = s, habe > sab-e = Schiff) >haven, Hafen
Schinken	**xingar** = Speck
Schlappen	**eskalapoi** = Holzschuh
schleppen	**lap-ur** = stehlen, rauben, plündern; mit Anlaut-s wird schleppen daraus; vgl. verschleppen ~ plündern
Schlaraffenland	**sab-**el = Bauch, b=l, **(r) abel** oder **(r) abere** = Nutztier, b=f, -land
Schlicks	**klick** = Schluck; i > u, +Anlaut-S, Schluckauf

Schluck	**klick** = Schluck; i > u, + Anlaut-S
schlürfen	**zurrupatu** = schlürfen
Schmackes	**makilatu** = mit dem Stock schlagen; rheinisch "mit Schmackes", mit hoher Geschwindigkeit den Stock schlagen
schmachten	**mehe** = dünn, mager, **zan-gope** = Knechtschaft, z=d, d=t, mit Anlaut - S; > schlechte Lebensbedingungen unter der Knechtschaft
schmal:	**sabel** = Bauch, **sabel**-orro = Magenknurren, **sabel**-zorri = Heißhunger, s = sch, b = m, ; > "Schmalhans Küchenmeister"
Schmalz	**gantz =** Schmalz, Talg, g = s, n = l, tz = z; wahrscheinlich ursprünglich Gänseschmalz
Schmarotzer	**sab**-el = Bauch, b=m, **(r) ozar**-keria = Dreistigkeit
schmausen	**sab**-el = Bauch, **ux**-ter = mürbe, zart
Schmeißfliege	**zem**-ai = bedrohen, **iz**-urri = Seuche
Schmetterling	**tximeleta** = Schmetterling
Schmu machen	**s - mu-garri** = Grenze; "Schmuggel", mit Anlaut-S
Schmuggel	**muga** = Grenze, Scheide; **mugarri** = Grenze, Grenzstein, rr = l, „mugel" mit Anlaut-S (Sch)
schmusen	**musu** = Kuss; "sch-mus-en" mit Anlaut-S(Sch)
Schmutz	**mutxi** = Moder, Schimmel; vgl. S+mutxi = Schmutz, urk. mutso- = Schmutz, mit Anlaut-S(Sch)
Schnee	**negu** = Winter; + Anlaut-S ; S- negu > Schnee

schnöde	**nozi(tu)** = erleiden; mhd. snoede = verachtenswert, erbärmlich, niederträchtig, verächtlich, beleidigend, demütigend, unanständig, verletzend
Schornstein	**gorri** = rot, nackt, g = ch, rr=rn, + Anlaut-S; wörtlich nackter Stein
Schoppen	**sob**-erakin = Überschuss; "Sommer"
schrecklich	**(r) ikar**-atu = erschrecken, schaudern, + Anlaut-S;
Schrecken	**(r) ik**-ara = Schrecken; siehe auch ndl. „Hagar de verschrikkelijke"
Schuh	**oski** = Schuh, Konsonantenumkehr
Schurke	**sorgin** = Hexe, Hexenmeister; g = k
schützen	**eskudatu** = schützen
schwach	**sab**-elalde = Leib, **eg**-arri = Durst
Schwalbe	**sabel** = Bauch, Leib, **sai**-atu = emsig, fleißig, s=b
schwellen	**sabel** = Bauch, Wölbung, **an**-itz = viel, zahlreich
schwer	**sab**-el = Bauch, Leib, **bar**-au = fasten; fasten ist schwer
schwul	**bul**-ar = Brust, Busen + Anlaut-s
See	**itsa-so** = Meer, See
Sehne	**zain** = Ader, Nerv; **gihar-zain** = Sehne
sehr	**hagitz** = viel, „sehr"; (h = s, g = h, tz = z, z = r)
sehr	**tzar** = böse, schlecht, „sehr"
Seife:	**xaboi** = Seife

74

„Seifer"	**sabel-**zorri = Heißhunger; mhd. "seifel" = Speichel; mhd. "seifer" = Geifer, Speichel, plattdt. "säver"
sein	**izan** = = sein
sieben	**zetaba** = sieben; siehe lat. septem mit Konsonantenumkehr aus z-t-b > z-b-t,
sickern, seihen	**sikatu** = austrocknen; "versickern"
Silber	**silar** = Silber
Sinn	**sen** = Sinn, Instinkt, Trieb
Smutje	**itsa-smutil** = Schiffsjunge; nhd. Smutje = Schiffskoch, + Anlaut-S
„sodele"	**honela** = so, auf diese Weise, h = s, n = t, t = d, süddt."sodele", **horrela** = so, "sodele", h=s, rr=d,
Sohle	**zola** = Sohle, Grund, Fußboden
solcher	**halako** = solcher; h = s, k = ch
Söller	**solairu** = Stockwerk, Geschoss
Sommer	**sober**-akin = Überschuss, b = m
spalten	**ezpal(du)** = spalt(ten), zersplittern;
Spatha, germ. Schwert	**ezpata** = Schwert, Degen
Spiel	**pilota** = Ball, Ballspiel; +Anlaut-S = „Spiel" > das baskische Pelota-Spiel ist namengebend
Sporn	**ezproi** = Sporn
spreizen	**bereizi** = sich trennen, sich unterscheiden, auseinanderhalten, + Anlaut-s

sprinten	**printza** = springen, splittern, spalten; (sprinten?), mit Anlaut-s
spritzen	**zipritztin (du)** = be- »spritzen»;
Stadel	**txabola** = Hütte, b=d
„Stadt"	**etxadi** = Häuserblock; vermutlich auch "Stadt"
Stahl	**altzairu** = Stahl r=l; fraglich, ob Lehnwort, Konsonantenumkehr
Stall	**etxola** = Hütte; vermutlich auch "Stall"; **estalgarri =** Bedeckung; „Stall"
stampfen	**zanpa** = stampfen, zerdrücken; z=d, d=t, +Anlaut-S
„Stand"	**txanda =** Schicht, Staffel;
„Stätte"	**etxe** = Haus, Heim; „Stätte" "Extern"steine = Hausfelsen
stark	**azkar**= stark, mit Konsonantenumkehrung (z = t) + Anlaut-s
staunen	**txundi** = erstaunen, verblüffen
stechen	**sa-staka** = erstechen
Steg	**tegi** = Anlage
stehlen	**estali** = verhehlen, verschleiern
Stein	**txinga** = Gewichtsstein
Steppe	**estepa** = Steppe, da hierzulanden keine Steppe, vielleicht doch vaskonisches Urwort
Stern	**izar** = Stern, z = d, d,= t; + Anlaut-S
Sterz	**zart-ailu =** Peitsche, Schwanz eines Pferdes oder

	Rindes, der als Peitsche gegen Insekten benutzt wird, rheinisch "Steetz"
Steuermann	**itsa-sturi** = Seemann; Steuermann?
Stich	**zizta =** Stich, ch=z; Konsonantenumkehr
Stichel	**xixel** = (Grab)-Stichel
sticken	**borda** = sticken; „Bordüren"
Stiefmutter	**txepel** = lau, kleinmütig; Grundbedeutung "etwas abgewertet", (p = f) > "Stief"mutter
Stimme:	**mintzo** = Sprache, Stimme; mintzo > tzimno = Stimme, Konsonantenumkehrung, got. stibna = Stimme m = b
Stipp- visite	**txep-el =** lau, kleinmütig; Grundbedeutung "etwas abgewertet"
Stock-werk	**txoko** = Ecke, Winkel
stochen	**txukun** = herrichten, aufräumen; einen Ofen herrichten, aufräumen rheinisch „stochen", Ofen, Feuer stochen
stolpern	**beha-ztopa** = stolpern; „stoppen"
stolpern	**oztopatu** = stolpern; „stoppen"
Stopp:	**oztopo =** Hindernis, Hemmnis
Stotterer	**totel**= Stotterer; > S-totel, (l = r) Stotterer; +Anlaut-S, vgl. got. Totila = Stotterer
Strauß	**auzi**= Rechtsstreit; "Strauß ausfechten"
Stroh	**txor-iburu** = Strohkopf; vielleicht von txori = Stroh mit

	Konsonantenumkehr
„Stroß"	**eztarri** = Hals, Kehle; vgl. rheinisch "Stroß", engl. "throat", Konsonanten umkehr
Stuck	**entoka** = Putz, Stuck; +Anlaut-S
stumm	**mutu** = stumm; s+tum Konsonantenumkehrung +S-Anlaut, vgl. frz. muet = stumm
un-ge-**stüm**	**mutiri** = kühn, unge-s-tüm; in "unge-stüm" ist Konsonantenumkehr + Anlaut-s, vgl. Ortsname Kallmuth in der Eifel, berberisch kall = Burg, vgl. vielleicht auch rheinisch "Motte" = Burghügel im Wasser, kleine Wasserburg
Sturheit	**txorakeria** = Quatsch, Unsinn, Blödsinn; „Sturheit", Störrigkeit
Sturm	**zurrunbilo** = Wirbel, Strudel > Sturm
Stütze	**zut**-iko = Stützpfeiler,
süß	**gozo** = süß, (g zu s)
	Zusammengesetzte Wörter:
Schanze	**zan**-gar = tapfer, g=z, **zain** = bewachen; im Gegensatz zu rheinisch „Schanzen" = Reisighaufen
Schelm	**sal**-menta = Verkauf, **m**-arro = Schwindel, Betrug
Schlawittchen	**lab**-ur = kurz und **bid**-e = Weg; > kurzer Prozess; kurzer Weg
schwanger	**sab**-el = Bauch, **an**-dere = Frau, **gar**-i = Brustwarze
Spiegel	**ispilu** = Spiegel,+ **gal-**de, gal-e = Befragung, Wunsch
"Spirentzchen"	**pisagua** = Paddelboot und **end**aitz = (Steuer)-Ruder >

78

	"Spirentzchen" mit Anlaut-S
sturmfreie Bude	turm <> tron, **tron-patu** = täuschen, trügen, narren (Konsonantenumkehr und Anlaut-s), frei <> **biri, bir-jintasun** = Jungfräulichkeit, also „um die Jungfräulichkeit betrogen" = sturmfrei
schwimmen	**sab**-el = Bauch, **ib**-ai = Fluß, b=m; mit dem Bach im Fluss
schwel-gen	**sabel** = Bauch, **gan**-tzu = fetten
sprudeln	**borbor** = brudel = brodel b = d.
Schleif-Geil	**gail**-u = Gerät, Vorrichtung; Schleif-, Schlepp-Netz; Fachbegriff aus der Fischerei

T	Baskisch
Tafel:	zur-**xafla** = Holzplatte; zur = hul = hol(z), xafla = Tafel, Holztafel, der Konsonant x fehlt in der Tabelle des *von der Gablentz*, scheint aber einem t zu entsprechen. "Tafel" entspricht der Umkehrung von "Platte", p-l-t <> t-f-l, wobei p = f
talpen	**zalaparta =** poltern, toben; rheinisch "talpen, polternd gehen"
Tanne	**tantai** = Baumriese, sehr groß; vgl. "Tanne"
tapp-, tipp-	**tipi - tapa** = mit kleinen Schritten, tippeln = leicht berühren; vielleicht lautmalerisch
tasten	**dasta(tu)** = kosten, probieren, schmecken; engl. taste **hazta** = tasten, anfühlen, betasten, h=s, s=t, mit Konsonantenumkehr

täuschen	**auzi** = Rechtsstreit; mit T-Anlaut, verwandt auzo = Nachbar ?
Tief-land	**bet-erri** = Tiefland, **bet = teb** = tief, Konsonantenumkehr **bet > bat, bataia** = taufen (mit Wasser), **bat** > Watt, waten > Wasser
Tippel-Schritte	sind kleine Schritte, **ttipi** = klein, **tipi - tapa** = mit kleinen Schritten.
„Titi"	**titiko** = Säugling; „Titi"
Titi	= Brust, Busen; früher wurde ein Säugling als „Titi" bezeichnet, **titiburu** = Brustwarze, vgl. "Zitze"
Thor	**trumoi =** Donner, Konsonantenumkehrung, t-r-m > t-n-r; Urbedeutung des Namens?
Toi-Toi-Toi	**doi-doi** = genau, knapp, kaum; vgl. "toi-toi-toi"
„toll"	**zurr**-uburu = Radau; z=t, u=o, rr = l, „toll" zurr = zor, toll = doll
Topf	**Tupina** = Topf; mit Konsonantenumkehrung, rheinisch "Pott"
Tor	**zoro =** Verrückter, Narr, Spinner; z=d, r=l, rheinisch " 'ne Doll"
torpedieren	**turr**-asta = Wasserstrahl, (t) **urpera**-tu = versenken, ur = wasser, pe = unter, r = d
Tod, tot	**odol** = Blut, **odoluste** = Blutverlust; vermutlich aus (p)odol, p=t, **> (t) od-oluste** = Tod, mit Anlaut-T
Totila, gotischer König:	**totel** = Stotterer; mit Anlaut-S

„Tööt"	**tutu** = Röhre; entspricht rheinisch. "Tööt"
treideln	**zir-ga** = Schlepptau, Treidelschiffahrt, z=d, g=d, Konsonsantenumkehr z-i-r <> t-r-ei (wenn Schiffe ohne eigenen Antrieb mit Tauen von Leinpfaden aus stromauf gezogen werden)
Trennwand	**trenkada** = Trennwand, Scheidewand;
Treppe	**traba** = Hindernis; "Treppe"?
trietzen	**trata** = behandeln; „trietzen"
trippeln	**tra**-tu = Behandlung, **ib**-ilera = Gang, Tritt; **tra-ib** = Trab
Tropfen	**xorta** = Tropfen; xort <> trot, p=t, = trop(f)
„Tröte"	**turuta** = Fanfare, Trompete; entspricht rhein. "Tröte"
trügen	**zar**-ta = Klatsch, **uko** = verleugnen, verwehren, verweigern
tuscheln	**txutxu** = tuscheln
tun	**du, tu** = tun
	Zusammengesetzte Wörter:
Tinnef	**zin**-gil = abgezehrt (z=t), **ab-ail** = erschöpfen
Tümpel	**zin**-gira = Sumpf, Morast, z = d, d = t, **pad**-ura = Sumpf, Morast, d= l
Tumult	**tup**-usteko = plötzlich, m=b=p, **mult**-zo = Menge
tünchen	**zur-i** = weiß, z=t, r=n, **zur**-daki = Borstenpinsel, **zain** = betreuen, erhalten, pflegen; > mit Weiß ein Haus oder einen Stall pflegen, erhalten = mit Kalk tünchen, streichen

U	**Baskisch**
Ufer	**uber-**ka-= Flußbett; vgl. "Ufer"
unter, unten	**hondo**= Grund, Tiefpunkt; **hondora** = versinken;
und	**eta =** und; vgl. lat. „et"
ur = un	ur-txorrota = Wasser - Wasserhahn; > "Unstrut"; ger-aldi = Halt, Stillstand, ur = Wasser, -wald; > "Grunewald"
Urbar	**irbaz =** Gewinn, Verdienst, Erlös; z=r
Ur-beginn	**iragan;** = Vergangenheit
Ur-kunde	**irakurri** = lesen; rr = n oder rn
üppig	**oparo**= üppig
b-uten	**oparo**= üppig

V	**Baskisch**
Vater	**aita** = Vater, <> lat. (p)ater , <> got. atta, alemannisch att, vgl. got. attila att= Vater, **aita** entspricht tatt-, auch tait- = Vater, vgl. got. „atta unsar" Zitat Kuhn: (Fremder t-Anlaut im Germanischen, S. 5) *"in ndt. Tatte und Taite, nordfries. täte, aber auch lat. und russ. tata, gr. tata usw.; dies tat(t)- ist, in der Bedeutung "Vater", so weit über die indogermanischen Sprachen und noch darüber hinaus verbreitet, daß es uns schwerlich eine selbständige Lallwortbildung ist."* Entsprechende Wörter mit t-Wegfall sind schweizerisch att = Vater, türkisch "Atta" Türk = Vater der Türken, ahd. Attila = Väterchen, Vaterlein, mhd. Etzel, tetel = Väterchen, kelt. attio-s = Pflegevater.

	Nach den Vertretungsregeln gemäß von der Gabelentz ersetzen sich T und P, also ist Tater = Pater, vgl. im engl. Daddy
veräppeln	**ber**-retsi = bekräftigen, bestärken, **apaletsi** = demütigen, erniedrigen
verdammen	**ber**-retsi = bekräftigen, bestärken, **zem-al** = Drohung, z =d;
verdutzt	**ber**-retsi = bestärken, bekräftigen, **dur-duz-a** = verwirrt
verhöhnen	**ber**-retsi = bestärken, bekräftigen, **hon**-dakin = Ruine, Trümmer;
verhunzen	**ber**-retsi = bestärken, bekräftigen, **hond-akin** = Ruine, Trümmer, Überrest, Schutt
verlieren	**ber**-retsi = bestärken, bekräftigen, **liz-un** = verschimmeln, vergammeln, z = r, > = verlieren
vermummen	**ber**-retsi = bekräftigen, bestärken, **mamu - tu** = vermummen
verraten	**ber**-retsi = bekräftigen, bestärken, (r)**et-sai** = Feind, Gegner
Verräter	**ber**-retsi = bekräftigen, bestärken, **arerio** = Feind; (p)arerio = Feind, lat. p-arri-cida = Hochverräter, Mörder
verrecken	**ber**-retsi = bekräftigen, bestärken, **ak-aba** = verenden, eingehen, krepieren,
versammeln	**ber**-retsi = bekräftigen, bestärken, **sam**-alda = Schar
versickern	**ber**-retsi = bestärken, bekräftigen, **sikatu** = austrocknen "versickern"

„Vieh"	**behi** = Kuh; behi vermutlich wie pehi <> lat. pecus = Vieh
viel	**pilo =** Haufen
vielleicht	**bil**-akatu = etwas werden, Entwicklung, **lik**-ist = schlüpfrig, klebrig
Vogel	**hegazti** = Vogel, h=p, p=f, tz=l
Volk	**bulka =** Drang
vor	**aurre** = vor, Vorderseite; (von p-aurre > f-aurre > vor)
Veil-chen-Dienstag	**beila = Nachtwache, Wallfahrt**

W	Baskisch
Wachen:	**ba**-bes = Obhut, Schutz, Zuflucht, ba=wa, **zain** = überwachen, z=ch
wachen, Wächter:	**begirale** = Wächter, **begira** = bewachen
Wachtel	**galeper** = Wachtel, g=b(w), l=h, p=t, r=l
Wald	**holt** = Holz; h=g=b(w) = wolt > Wald
Wall	**barr-adera** = Deich, rr=l
warm	**bero** = Wärme, Hitze, heiß, b = w; "warm"
Wehe	**behar** = Bedrängnis, Not;
Weiher	**bailara** = Tal, Weiher, h = l
weich	**biz-i =** Leben, z = ch; im Gegensatz zu Stein, Fels, der hart ist

84

Weise	**gisa** = Art, Weise; w(b) = g
weiß	**gisu** = Kalk, g=b(w)
weit	**bide** = Weg
Welt	niederländisch Wereld: **bar**-ne-huts = hohl, **alt**-xatu = sich erheben; also nicht von vir und alere, nicht die "Männer/Menschen nährende", sondern die "sich hohl über uns erhebende"
wild	**beld-ur** = Angst, Furcht; "wild"
Wirren	**gerra** = Krieg, gerra wird zu Wirren, also die negative Seite des Krieges, rr ergibt sowohl l als auch n, für l ergibt sich Willen, für n winnen, gewinnen, für r Wirren. So sind in gerra drei Seiten des Krieges abgebildet, ob mit tieferem Grund, darüber muß man nachdenken.
Wirbel	**biribil** = rund
Wirtel	Wirtel = Spindelring, **bira** = Drehung, **tal**-deka = gruppenweise
	Zusammengesetzte Wörter:
Weiler (kleiner Ort):	**bil** = zusammen, **ari isan** = sich befassen mit
Winkel	**bin**-aka = zu zweien, **kal**-e Straße; zwei Straßen aufeinanderstoßend
Wolke	**bul**-ka = Drang, **ke** = Rauch
Wurzel	**buru** = Ende, **zain = zail** = Ader, Nerv
Wurst, Hans „Wurst"	**buruzut** = hochnäsig; > Hans "Wurst"

| **Wal-purgis-fest** | **bel**-agile = Zauberer, **purd** wie in **txilipurdi** = Purzelbaum, d = g, > wenn Zauberer sich überschlagen |

Z	**Baskisch**
Zahl	**zen**-baki= Zahl (n zu l)
Zahn	**zerra** = Säge, rr=n, „Säge-Zahn"
zähmen	**zeba(tu)** = zähmen; (b zu m), **beza(tu)** = zähmen, Konsonantenumkehr, vgl. lat. domare = zähmen
zehren, abge-**zehrt**	**zahar =** alt; „vom Alter abgezehrt"
Zettel	**zati-** = Teil, Bruchstück, **tal**-de = Gruppe
Zeter – Mordio	**zati** = aufteilen, **mordo** = Haufen, **mordoilo** = Durcheinander; > Durcheinander beim Aufteilen
Zicke-Zacke Heu-Heu-Heu	**sigi-saga** = zicke-zacke; **go-ra go-ra,** g=h, hoch, hoch, hoch, heu = hoch
zickisch	**zik-oitz =** kleinlich, z=g, k=z = geiz-ig
um"**zingeln**"	**zingila tu** = gurten, gürten-; um-„zingeln"
be-**zirzen**	**zirri egin** = schmusen; rheinisch „be-zirzen"
vorbei **zischen**	**ziztu** = Schnelligkeit
Zitzen	**tita** = Punkt, Fleck, Tupfen; Zitat Kuhn (Fremder T-Anlaut im Germanischen, S. 5): *„Zitze, im schwed. norw. Tatte, ags. Titt, engl. tit und teat,* *nd. Titte, nhd.* **Zitze** *usw., dazu mhd. (in nd Lautform)* *tute und tutte, tütel und tüttel, samt zützel „Sauglappen"* *sowie isl. Totta lutschen, und weiter auch gr. Titdos und* *ital. Tetta, sp.teta Zitze."*

züchtigen	**zeha(tu)** = züchtigen
Zunder	**zur** =zun, zur = Holz, **tarr**-apataka = hastig; (hastig brennend), vielleicht auch **zuntz** = Faser; trockene faserige Rinde
Zwiebel	**tipula** = Zwiebel; „ahd. zwibollo soll aus spätlat. Cepulla entlehnt sein. Das lat. Wort cepa „Zwiebel" selbst stammt aus einer unbekannten Sprache" (Duden Herkunftswörterbuch, 1989) nämlich wahrscheinlich vaskonisch
zegen-Netz	**zak**-u = Sack-Netz, lt. Dr. Alois Döring: „Das Leben am Rhein in alten Fotographien"
Zuber	**zopa** = eintunken; = Zub (z =t) zu Bütt, Konsonantenumkehr t-b zu b-t

4. Wortgleichungen Lateinisch – Baskisch und   Keltisch - Baskisch

Die aufgeführten Wörter stellen Entsprechungen dar.

Laut Hans Krahe sollen die italischen Völker in ihrer nordwesteuropäischen Urheimat zwischen den Germanen und den Kelten (siehe Kapitel 2) gesessen haben. Daher ist anzunehmen, dass das Vaskonische diese indogermanischen Völker und ihre Sprachen als Substrat mehr oder weniger stark beeinflusst hat.
Es ist allerdings offensichtlich, dass das Lateinische und seine modernen Tochtersprachen nach der keltischen Zeit, die in den ersten Jahrhunderten nach Chr. endete, längere Zeit durch die römische Eroberung und den Kulturwandel zusätzlich Einfluß auf das Baskische genommen hat.

Daher behaupten wir nicht, dass ein dargestelltes Wort aus der einen oder anderen Sprache stammt. Dafür haben wir zu wenige Einblicke.
Offensichtlich aus modernen romanischen Sprachen entnommene Wörter, beispielhaft sufrimendu = Leiden, wurden nicht aufgenommen.

Lateinisch	Baskisch
aculeus = Stachel	**akuilu** = Stachel
ager = Acker, Feld	**alor** = Acker, Feld
alere = nähren;	**alor** = Acker, **ale** = Getreidekorn
alter = ander (l <> n) ander;	**aldatu** = ändern
animus = Seele, Geist	**anima** = Seele,(Lehnwort?)
arbor = Baum;	**arbola** = Obstbaum
as-inus = Esel;	**as-takirten** = Esel, **asto** = Esel
atrium = Innenhof	**ate** = draußen
augere = vermehren	**ugari(tu)** = sich vermehren
bonus = gut	(b) **on** = Gut
buris = Krummholz (am Pflug)	**burujabe** = autark, unahängig (Bauer)
carcer = Kerker;	**kartzela** = Gefängnis
carpere = abrupfen, abpflücken, plündern	**harrapa(tu)** = fangen, schnappen
castellum = befestigter Platz, Kastell	**gezi** = Wurfpfeil, **tal**-aia = Wachtturm
currere = laufen, rennen	**korrika** = rennen, laufen

currus: Wagen, Fahrzeug	**gurdi** = Wagen, Karren
egere = hinausbringen, von sich geben	**ekarri** = hervorbringen, tragen
eiulare = heulen, wehklagen	**ulu** = heulen, Geheul
error, errare = irre, irren	**ero** = irre, Irrer
et = und;	**eta** = und
fatum = Geschick, Schicksal	**patu** = Schicksal
firmus = fest, stark;	(p)**irmo** = fest, standhaft
fortis = stark, rüstig	**bortxa** = Zwang, Gewalt; „Vorst", Burg
fodio, fodi, **fossus** = ausgraben;	(p)oder, (r)**osin** = Tiefe in einem Fluß
fusio = Ausguss, Ausfluß;	(p) **isur** = ausfließen (i=u)
glutus = Schluck	**klik** = Schluck
gurgulio = Schlund, Kehle	**girgilu** = Fußfessel
gustus = Schmecken, Genuß;	**gustu** = Geschmack
hara = Schweinestall;	**ahardi** = Sau
habere = haben;	**habero** = mehr, meist
hasta Speer, Lanze	**astamakila** = Speer, Lanze
hic, haec, hoc = dieser, diese, dieses;	**hau** = dieser, diese, dieses
imperare = befehlen, gebieten, herrschen	**oinpera** = bezwingen, unterwerfen
insula = Insel;	**irla** = Insel; r=l=n, l=s

ira = Zorn;	**irain** = Kränkung, Beleidigung, Schimpfwort
ire = gehen, kommen, hinausgehen	**irits** = ankommen, eintreffen, **ira-gan** = vorbeigehen **irten** = hinausgehen, herausgehen, **irteera** = Ausgang
lapis = Stein, Marmor;	**lapitz** = Schiefer
lama = Sumpf;	**lamika** = ablecken, feucht
lambo = lecken, belecken;	**lamika** = lecken, ablecken
lancea = Lanze, Spieß	**lantza** = Lanze
malleus = Hammer	**mailu** = Hammer
margo = Rand, Einfassung, Grenze	**mugarri** = Grenzstein, Grenze; Konsonantenumkehr
movere = bewegen	**mugi** = bewegen, g = b (=v)
nepos = Enkel, Neffe	**neba** = Bruder (einer Frau)
omen = Wahrzeichen, Vorbedeutung	**omen** = (guter) Ruf, Ansehen
pala = Spaten;	**pala** = Schaufel
pal-umbes = Holz-, Ringeltaube	usa-**pal** = Turteltaube
parri-cida = Hochverräter, Vaterlandsfeind;	(p) **arerio** = Feind, (p)arerio >(V)errä-ter
pecus = Kleinvieh, ein Stück Vieh	**behi** = Kuh
picea = Föhre, Kiefer	**izei** =(p)izei = Tanne, Fichte

90

piscis = Fisch	**bisigu** = Rotbrasse
pix = Pech;	**bike** Pech;
bestia = wildes Tier	**piztia** = wildes Tier
placere = gefallen; **placet** = es gefällt,	(p)**laketu** gefallen, behagen
pluma = Flaumfeder	**lum**-atza = Flaum; (p)lum, (Wegfall des anlautenden P), luma = Flaumfeder
p-ratum = Wiese (p rat um)	**azpiko** = Futter, wahrsch. (r)az – piko, (z=t) rath = Wiese
poena = Strafe, Buße	(p) **oinaze(tu) =** peinigen, quälen;
potare = reichlich trinken, zechen, saufen; „pötten",	**tupina** = Topf; Umkehrung rheinisch „Pott" „pötten"
potens, potestas, potis = mächtig	**botere** = Macht
rappere = plündern, raffen	**harrapa(tu) =** fangen, schnappen
ripa: = Ufer	**(r) ibar** = Flussebene, Tal
risus = Gelächter	**iri** egin = lachen,
remigare = rudern, **remex =** Ruderer;	**lema** = Ruder, Steuer, **lematu =** steuern; (r = l)
sors = Los, Schicksal, Erfolg	**zori** = Glück, Los, Schicksal,
siccare = austrocknen	**sikatu** = austrocknen
tantus = so groß	**tantai** = sehr groß, Baumriese
turbo = Wirbel, Sturm	**zurrunbilo** = Wirbel, Strudel, Sturm

	(z = d, d =t)
urina = Harn	**gernu** = Harn
usus = Gebrauch, Gewohnheit	**usadio** = Gewohnheit, Brauch

Ur-Keltisch	Baskisch
akto- = Stachel	**akuilu** = Stachel, Sporn
alaljo = ander	**alda** = verändern
andera = junges Weib	**andere** = Frau
ara = pflügen;	**ara izan** = sich beschäftigen, sich befassen
aratro = Pflug	**are** = Egge
ara = Ackerland	**arlor** = Acker, Feld
arbino = Rübe	**arbi** = weiße Rübe, **beterraba** = Rübe, arba = raba
beti = Weg	**bide** = Weg
boussu = Lippe	**musu** = Kuss, b = m
buta = Haus	**buztinola** = Ziegelei
corikast = Torf	**zohikatz** = Torf
dunum = Befestigung	**zutoin** = Pfosten, Pfahl
(p)eku = Vieh;	**behi** = Kuh
elvo = Reichtum, Vorteil;	**abel** – gorri = Nutztier
(p)itu = Korn, Getreide;	**zitu** = Getreideernte, Frucht; z <> t
kesti = Speer	**gezi** = Wurfpfeil, Speer
knokko = Hügel	**konkor** = Buckel, Höcker
kommer = zusammentreffen von Flüssen, Wegen	**top-a** begegnen, treffen; k <> t, p = b = m
laku = See;	**laku** = See

Ur-Keltisch	Baskisch
landa = Fläche, freier Platz, Hof;	**landa** = Feld, Land, Acker
latjo, lataka = Schlamm	**lats** = Bach
lendu = Wasser, See, Pfuhl	**lintzura** = Sumpf, Morast
lettrek = Anhöhe	**leize** = Abgrund
luta = Schlamm;	**lupetza** = Schlamm, p= t
lutta = Hure	**lotsa** = Scham
mamma = Mutter;	**ama** = Mutter
minu = klein;	**mendratu** = vermindern
meini = Erz, Metall	**mea** = Erz,
moil, mello- = Hügel, "Maul"wurf	**moino** = Hügel; > (n zu l)
mrog = Grenze, Landgebiet	**mugarri** = Grenze
mutzo = Schmutz;	**mutxi** = Moder, Schimmel
onko, onkastu = bei, daneben;	**ondoan=** daneben, nebenan, d = g = k
poll = Loch, cymr. pwll,	**zul-o** = Loch, z=k, =kul, k=t, = tol, t=p, =pol
razd, rhath = glätten, Ebene, Fläche	(r)**azpiko** = Futter
rati = Erdwand, Erdbank	(r) **atzera** = zurückweisen, abwehren
(p)rtu = Übergang	**ertz** = Rand, Saum, Kante (Uferrand?)
skabno = Terrasse, Schanze	**zabaltza** = Terrasse, dt. Damm

94

Ur-Keltisch	**Baskisch**
slatta = Ruthe, Latte, Stange	**lata** = Bech, Latte
slukko = ich schlucke	**klik =** Schluck, i=u
srutu = Fluß	**txorrota** = Wasserhahn
stoukki = Vorsprung	**txoko** = Ecke, Winkel
tegos = Haus	**tegi** = Anlage, Lager
tol = Loch	**zulo =** Loch; z=t
tumbo = kleiner Hügel	**tontor =** Gipfel, Donk
vegli = Nachtwache	**beila =** Nachtwache, Wallfahrt

5. Die Namen der "sächsischen" Siedlungen auf dem französischen „Litus saxonicum"

Zusammenfassung:

Die „Sächsischen Siedlungen auf dem französischen 'Litus Saxonicum'", so nannte H. Ehmer 1937 seine Untersuchung über die Siedlungen an der französischen Kanalküste. Er kam zu dem Schluß, daß Angelsachsen aus dem eroberten Brittannien zurückgewandert seien.
Er folgerte das aus den Bezeichnungen der Siedlungen, insbesonders aus den **Endungen der Ortsnamen, die fast alle auf „ingthun" lauten**

Unsere Untersuchungen zur baskischen Sprache haben uns veranlaßt, die Arbeit von Ehmer neu aufzugreifen und die Namen der „sächsischen Siedlungen auf dem Litus Saxonicum" unter diesem Gesichtspunkt neu zu deuten und so der Fragestellung, welcher Sprach- und Volksgruppe die Übersiedler angehörten, eine neue Antwort zu geben.

Wir vertreten die These, dass es keine Angelsachsen waren, sondern eine Volksgruppe, die <u>weder</u> angelsächsisch <u>noch</u> keltisch sprach, aber **einen dem Baskischen ähnlichen Dialekt.** *Das ergeben die Deutungen der Ortsnamen.*

Zum Verständnis sollte der Leser sich mit einem Wörterbuch Baskisch-Deutsch vertraut machen sowie mit den Lautvertretungen nach *von der Gablentz*, die wir im ersten Teil dieser Schrift (Kapitel 2) erläutert haben.

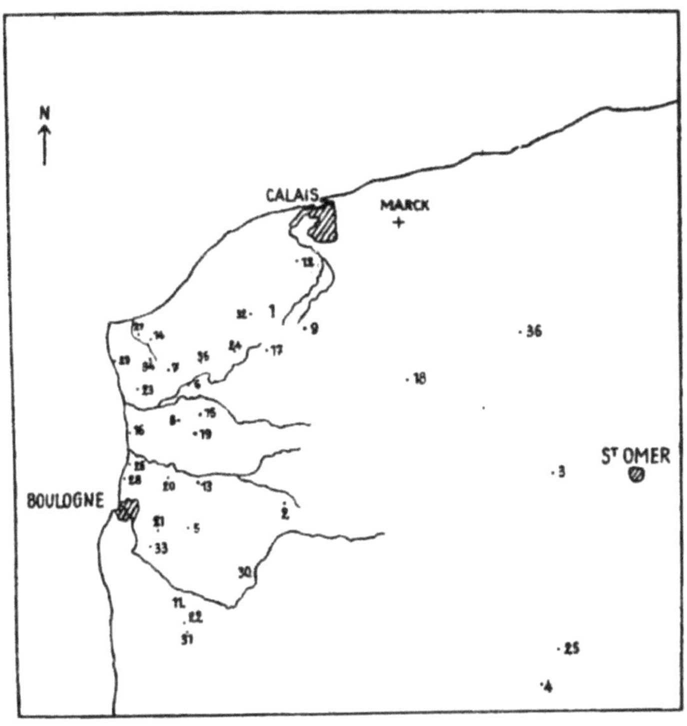

Zur Lage der Ortschaften.

1. Alenthun	14. Guiptun	26. Sombrethun
2. Alincthun	15. Hardenthun	27. Tardingthun
3. Audenthun	16. Honnincthun	28. Terlincthun
4. Audincthun	17. Landrethun-le-Nord	29. Todincthun
5. Baincthun	18. Landrethun-lez-Ardres	30. Tourlincthun
6. Baudrethun	19. Offrethun	31. Verlincthun
oder Bodrethun	20. Olincthun	32. Wadenthun
7. Colincthun	21. Paincthun	33. Waincthun
8. Connincthun	22. Pélincthun	34. Warincthun
9. Dirlingthun	oder Polincthun	35. Witrethun
10. Fauquetun	23. Raventhun	oder Witerthun
11. Floringthun	24. Rocthun	36. Zeltun
12. Fréthun	25. Semblethun	
13. Godincthun	oder Samblethun	

Solche Endungen sind in England weit verbreitet.

Konkrete Berichte über eine Wanderung der Angelsachsen über den Kanal, oder überhaupt eine Wanderung irgendwelcher Menchen, gibt es nur durch eine Mitteilung des Prokop im Gothenkrieg IV, 20.

„Die Insel Britannien bewohnen drei sehr zahlreiche Völkerschaften, von denen jede unter ihrem eigenen König stehen. Diese Völker heißen Angeln, Friesen und gleichnamig mit der Insel Britten. Und so ungeheuer ist die Kopfzahl dieser Stämme, daß jedes Jahr große Mengen mit Weib und Kind von dort aufbrechen und zu den Franken hinüberziehen.“

Ehmer schreibt: *„Wir haben die historischen Zeugnisse, die uns Klarheit über die Bedeutung des Ausdrucks „Litus Saxonicum" hätten geben können, durchgesehen und dabei festgestellt, daß für die Auslegung „durch Sachsen besiedelt" nur wenige und dazu unsichere Stützen zu finden sind. Meist meint der Ausdruck „von Sachsen bedroht". Insofern ist es naheliegend, die Namen der Siedlungen sprachlich zu untersuchen und von daher auf die Herkunft der Siedler zu schließen sowie archäologische Befunde zu Rate zu ziehen".*

Er schreibt weiter:

*„Mit Ausnahme der **Gegend um Boulogne** gibt es keine weitere Stelle auf dem Kontinent, wo wir Ortsnamen auf -ingthun finden. Es ist eine speziell auf England beschränkte Eigentümlichkeit.*
*–**ingen** gibt es zur Genüge in Süddeutschland.*
*–**ingthun** dagegen können wir als übliches Suffix der Ortsnamenbildung nur für eine Gruppe von Volksstämmen in Anspruch nehmen, nämlich für die **Germanen, die im Laufe des 5. Jh. Brittannien besiedelt** haben.*
Wir dürfen also schließen, daß die Ortsnamen auf –ingthun diesseits und jenseits des Kanals zusammengehören, daß die Dörfer von Angehörigen des gleichen Volkes gegründet sein müssen."

Die Möglichkeit, daß dieses Volk nicht Germanen, sondern Briten waren,

ist mit obigem Satz ausgeschlosssen worden. Dabei erwähnt Ehmer selbst die
Eroberung von Devonshire, das keinen Namen auf –ing aufweist und am Ende
des 7. oder Anfang des 8. Jh. vor sich ging.
J. B. Johnston („*Placenames of England and Wales*", S. 9) berichtet auch,
daß in Devon keine keltischen Ortsnamen überliefert sind. Warum nicht?
Ein Teil der Bewohner aus Devon kann vor den erobernden Angelsachsen
geflohen sein, über den Kanal an seiner engsten Stelle, hinüber nach Boulogne
und Calais.

Udolph hat in seinem Hauptwerk (*Namenkundliche Studien...*) die Vorkommen
von -tun- Namen kartiert und gut herausgearbeitet, daß die Hauptverbreitung in
England liegt und in weit abgeschwächter Form in Nordwestdeutschland,
verschwindend gering dagegen in Dänemark und Schleswig-Holstein.
Damit wollte er die germanischen Ortsnamen in Deutschland, England und im
Gebiet von Frankreich, Belgien und den Niederlande dokumentieren.
Leider hat Udolph seine Kartierung an den Grenzen Englands eingestellt,
sonst könnten vielleicht im keltischen Wales und Schottland neue Erkenntnisse
zu den tun-Namen gewonnen werden.

Wenn aber unsere Vermutung richtig ist, daß es eingesessene Briten waren,
die am „Litus" siedelten, so heißt das, daß die –tun und –ingthun-Namen in
England auch ursprünglich britisch sind.
Diese Briten aber sprachen ein Ureuropäisch oder vaskonisch, d.h. sie waren
weder Kelten noch Germanen.

„Tun" bedeutet nach Ehmer zunächst ein „umzäuntes Grundstück";
in Ortsnamen nimmt es mehr den Sinn von „Gehöft, Gut oder Dorf" an.

Dieser Deutung können wir uns anschließen. Denn die Grundbedeutung dürfte
baskisch „zutoin" = Pfahl, Pfosten sein. „zut" = aufrecht, „toin" = Umhegung.
Davon übernommen sein dürfte germanisch „tuna-", altsächsisch, altfriesisch,
altenglisch „ tun" = das Umzäunte, Ort, engl. „town", altnordisch „tun"

= Hecke, ahd. "zun", mhd. und langobardisch ist es als „eterzun" überliefert,
niederl. „tuin", nhd. Zaun.

Das −ing von ingtun läßt sich so erklären, dass ing-uru im Baskischen so viel
wie Umgebung, Umland, Umkreis heißt. Wenn man bedenkt, dass im heutigen
Baskischen und wohl auch zur Zeit der Namengebung unserer betreffenden
Namen ein älteres Anlaut-R schon weggefallen ist, so läßt sich "ing" als "Ring"
lesen. Als ringförmige Umhegung der Gehöfte oder Dörfer.

Obwohl -tun ein Grundwort aus dem Bereich der Landschaft ist, versuchte
Ehmer die Namen auf −ingthun vom Litus Saxonicum in ihrem Bestimmungs-
wort aus Personennamen zu erklären, und zwar aus Vornamen, und folgte
damit Ekwall, auf den sich auch Udolph stützt.
Die Personennamen wurden rekonstruiert, ohne sie zu nennen und wohl ohne
sie wirklich zu kennen.
R. E. Zachrisson vertrat dagegen die Ansicht, daß sie zum großen Teil
„toponymics" darstellen, also Landschaftsnamen, was unserer Meinung
entspricht.

Im folgenden haben wir die −ingthun − Namen vom „Litus Saxonicum" mit
Entsprechungen aus Holders *Alt−Celtischer Sprachschatz"* und mit
Gysselinks *"Toponymisch Woordenboek"* abgeglichen und in vielen Fällen
Parallelen aus dem keltischen Raum gefunden, was nicht verwunderlich ist,
da auch Keltisch als Mischsprache aus dem Vaskonischen und dem
Indogermanischen hervorgegangen sein könnte.

Die angegebene Spalte gibt den Ort an, wo der Name bei Holder zu finden ist.
Darunter wurde jeweils die Deutung aus dem Baskischen vermerkt.
Da immer nur die erste Silbe eines Wortes verwendet wird, ergeben sich häufig
Mehrdeutigkeiten, unter denen der Namenforscher eine passende Bedeutung
auszuwählen hat. Dadurch ist das Ergebnis nicht eindeutig, die vollständige
Bedeutung ist ja nicht überliefert.

Aber die hier anstehende Frage, ob die Namen angelsächsisch oder vaskonisch sind, dürfte trotzdem sehr wohl zu entscheiden sein.

	Holder	Gysseling
1. Alenthun bask. eli = Herde, lan-da = Land	Alentum Spalte 90	Ellingentun
2. Alincthun bask. eli = Herde	Alingavia, Alingo Sp. 94	Alinctun
3. Audenthun bask. alde = Seite, alde egin = flüchten, entfliehen, etwas verteidigen	Ald-ene Sp. 90, Auden-acu-s Sp. 283	
4. Audincthun bask. ot-u = einfallen, ot-zaragintza = Herstellung von Körben	Audi-inus Sp. 286	Odingethun
5. Baincthun bask. baga = Woge > Bach, bailara = Tal	Ba-ia Sp. 332, Baio-casses Sp. 334	Bagingathun
6. Baudrethun oder Bodrethun bask. borda = Hütte, ed-iren = vorfinden, -tun = Umzäunung	Bodricasano Sp. 460, Bodero Sp. 456	
7. Colincthun bask. kolono = Siedler	Colin-acu-s Sp. 1066	
8. Connincthun bask. kon-kor = Höcker, Buckel, > Hügel	Conn-ius Sp. 1104	

	Holder	Gysseling
9. Dirlingthun bask. dir-ulaguntza = Zuschuss, Subvention, leinu = Sippe	Dir-ona Sp. 1286	Dioruualdinc thun
10. Fauquetun bask. bal-tsa = Schlamm, bai-lara = Tal, oder bok-ale = Mündung	Fai-acus Sp. 1492	
11. Floringthun bask. bel-ardi = Weide, or-doki = Ebene, oder or-tu = Garten	Flori-acus Sp.1496	
12. Frethun bask. bar-atze = Gemüse, ber- bel = beltz = schwarz, et-xe = Haus oder ed-iren = vorfinden, ediren = red	Fredemungi-acae Sp. 1499	
13. Godincthun bask. gudu = Kampf, gauz-atu = vollbringen, gut-izia = Gier, Gelüst, begehren, habgierig, gut-xiengo = Minderheit, gut-xiago = unterlegen sein, gut-xiets = gering schätzen	Goudi-acum Sp. 2033	
14. Guiptun bask. gibel = Ausdauer, Hinterseite,	Givri-acus Sp. 2024	
15. Hardenthun bask. art-al-de = Schafherde, Schafstall,	Ard-acus, Arduno, Aredunum Sp. 188	

	Holder	Gysseling
16. Honnincthun bask. hondar = Sand, Strand, stranden. Die Siedlung Nr. 16 ist nach der Lage tatsächlich eine Siedlung in Strandnähe.	Hon Sp. 2056, Hunnum Sp. 2058	
17. Landrethun-le-Nord bask. lan-da = Land, Acker, ed-iren = vorfinden, ediren = red, ed-onon = überall, ed-uki = haben, innehaben, besitzen	Landerici-acus Sp. 141	
18. Landrethun-lez-Ardes	Landerici-acus Sp. 141	
19. Offrethun bask. oparo = üppig, reichlich, ed-iren = vorfinden, ediren = red	Ofersi-o Sp. 835	Guelferthun
20. Olincthun bask. ola = (Eisen)-Hütte, Schmiede?	Olim-aco-n Sp. 844	
21. Paincthun bask. pai-saia = Landschaft, pai-ragarri = erträglich	Paii Sp. 922	
22. Pelincthun oder Polincthun bask. pel-atu = naß werden, p-olatu = Welle	Pelend-ones Sp. 962, Pel-ius , Pelli-ocus Sp. 963 Polin-acus Sp. 1029	

	Holder	Gysseling
23. Raventhun bask. (r) abel-gorri = Rind, (r) abel-buru = Vieh Also ist das Anlaut-R in diesen Namen in Brittannien bis zur Zeit der Übersiedlung zum Teil noch erhalten, nicht aber in (r)ing.	Rav-ina Sp. 1087	
24. Rocthun bask. Ok-aran = Pflaumenbaum, oki = sich einer Sache überdrüssig werden, ok-in = Bäcker, ok-er = egon sich irren, sich täuschen	Roca-dunum Sp. 1200	
25. Semblethun oder Samblethun bask. sam-alda = Schar, bel-ardi = Weide, ed-iren = vorfinden	Semb- Sp. 1463 Samb- Sp. 1337	Senpleton Sampletun de Sampletuna
26. Sombrethun bask. sob-erakin = Überschuss, ber-egana erwerben, et-xalde = Bauernhof	Som- Sp. 1614	
27. Tardingthun bask. tart-eko = Verwandter	Tard- Sp. 1734	
28. Terlincthun bask. tar-eko = Verwandter, leinu = Sippe	Ter- Sp. 1798	

	Holder	Gysseling
30. Tourlincthun bask. dur-duza = Verwirrung, Bestürzung, Dröhnen, dorre = Turm, leinu = Sippe	Tor- Sp. 1890, Tour- Sp. 1895	
31. Verlincthun bask. berr-ar = Neugestaltung, zurückerobern, berr-ehun = zweihundert, leinu = Sippe, Volksstamm, vielleicht Hinweis auf die Zahl der Flüchtlinge in dieser Neusiedlung	Vertunum Sp. 249, Verl-iacus 217	
32. Wadenthun bask. bad-ia = Meeresbucht	Vadinia Sp. 82, Wadiniacus Sp. 82	
33. Waincthun bask. bai-lara = Tal	Vadinia Sp. 82, Wadiniacus Sp. 82	
34. Warincthun bask. bar-atze = Gemüsegarten, barradera = Deich	Var-inna Sp. 110, Varin-iacum Sp. 109	
35. Witrethun oder Witerthun bask. bizi- = Wohnstätte, tar- = Strecke	Vitri-acus Sp. 412, Viteri- Sp. 410	
36. Zelthun bask. zelai = Wiese, Grünland, zel-ardi = Flachland, zel-ata = spähen, zerra (rr=l) = Säge, Sägewerk, zerri = Schwein	Cell-acus Sp. 887, Cel-inus Sp. 887	

Ehmer kommt schließlich zu der Ansicht, daß, *„die Kolonisation vor der Besiedlung Englands völlig ausgeschlossen ist, es bleibt nur die Annahme einer Gründung nach der Übersiedlung. Und die Übereinstimmung der ingthun-Namen auf beiden Seiten des Kanals beweist, daß die Siedler von England kamen: die Ortschaften sind nicht, wie bisher vermutet, sächsische, sondern angelsächsische Siedlungen"*
Zu diesem Schluß kommt er auch nach Sichtung der archäologischen Befunde; obwohl diese recht dünn sind, kommt er zu keinem anderen Ergebnis.

Ehmer führt aber selbst, *„einen direkten Beweis für i-Umlaut in Ortsnamen, die von den Angelsachsen aus dem Britischen übernommen sein sollen. Zachrisson führt Archenfield, Ilkley, Lincoln und Ythanceaster an. Besondere Bedeutung hat für uns Archenfield, dessen frühe Formen Ircingafeld lauten. Basis ist nach Zachrisson acymr. Ercyn, für das die Angelsachsen Erking einsetzten".* (R. E. Zachrisson: *"Romans, Kelts and Saxons in Ancient Britain"*, S. 61).
Dieses Erking könnte auf ein baskisches erk-idego = Gemeinschaft zurückgeführt werden.

Unsere These:
Es handelt sich bei den Siedlungen auf dem „Litus Saxonicum" um Siedlungen von geflüchteten Einwohnern aus Devon.
Wir werden erinnert an den Exodus der Bretonen.

Schließlich stellt sich auch die Frage, ob denn alle -tun-Namen angelsächsisch sind und keine keltischen Namen überlebt haben. Da das allen Erfahrungen widerspricht, und andere Forscher diese -dunum-/-tun-Namen sogar kartiert haben, könnten keltische Namen als angelsächsisch vereinnahmt worden sein; damit steigt die Wahrscheinlichkeit, daß unsere These richtig ist.

Zitat Udolph:
"Somit ergibt sich zusammenfassend für das Gesamtbild (der -tun-Namen in Europa, der Verf. A. H.): von Deutschland aus gab es eine westlich

106

*ausgerichtete Strömung, die über das südliche Belgien und das belgisch-
französische Grenzgebiet hinweg bis zum Pas de Calais reichte. Dort wurde
der Kanal überschritten, die Annahme einer angelsächsischen Rücksiedlung (-
ingtun-Belege bei Boulogne, St. Omer usw.) erübrigt sich."*
(aus: *„Namenkundliche Studien....."*, S. 727)

Schlußfolgerung:
Die „**-ingtun**"-Namen auf dem Litus saxonicum haben eine Parallele Im
südlichen England, auch dort sind sie vertreten, nicht jedoch im übrigen
Europa.
Wer die Verteilung der „**-tun**"-Namen in einer guten Übersicht von J. Udolph
anschaut (Namenkundliche Studien, S. 699), wundert sich, daß die Angeln,
Sachsen und Jüten aus einem Land kommen, wo es fast keine -tun-Namen
gibt, sie sollen unmittelbar nach ihrer Einwanderung in England in der
Ortsnamengebung mit den „-ingtun"-Namen vielfältig vergeben worden sein?
Man kann eher erwarten, daß trotz Eroberung die meisten alten Namen
überlebt haben.

Die Endung "-ingtun" kann gesehen werden als eine ureuropäische, d.h.
vaskonische Namengebung, von der wir nicht wissen, wann die Namen
vergeben wurden, aber wahrscheinlich doch früher als in der Zeit der
germanischen Völkerwanderung.
Sie der angelsächsischen Einwanderung zuzuschreiben ist äußerst gewagt,
denn auch auf dem Festland können wir das nicht. Vielleicht gibt es einzelne
Quellen aus römischer Zeit, die bisher unbekannt waren, die uns weiterhelfen
und unsere These bestätigen oder auch nicht. Die sind aber mehr als
unwahrscheinlich.

Wir haben den Anfang der Materialsammlung von J. Udolph über die „-tun"-
Namen durchgesehen, die sich auf England bezog, und haben auf Anhieb eine
größere Zahl Ortsnamen gefunden, die sich aus dem Baskischen
etymologisieren lassen.

Accrington, Akatinton, Ackton, Tacatone, Atte Green	von ack = att wie adar = Nebenfluß
Albolton, Elvetone, Alveronetune	von abel = Rindvieh, zu alb, elv geworden = Fluß, Viehtränke
Addeston, Addington, Adelestune	von adar = Nebenfluß
Aldingtun	von alt = Fluß oder alden = Seite, auch Stadt
Allerton	von al, allara = Fluß, vgl. Aller Nfl. der Weser
Anderton, Antuna	von ant = alt = Fluß

Damit dürfte die Vermutung erhärtet sein, daß die Namengebung vaskonisch und nicht angelsächsisch ist.

Da "-ingtun" als nicht-germanisch, nicht-keltisch, also vaskonisch aufgefaßt werden kann und die bekannten Siedlungen auf dem „Litus" zeitlich eingrenzbar sind, darf für diese Zeit noch mit einer **"vaskonischen" Bevölkerung in Südengland** gerechnet werden.

Daß es nach dem Verfasser des Buches "*The Place Names of England and Wales*", J.B. Johnston, einen Bereich gibt ohne keltische Ortsnamen, könnte damit begründet werden, daß dieser oder ein größerer geographischer Bereich ein Reliktgebiet mit vorkeltischer Bevölkerung war, von der sich ein Teil oder alle bei der angelsächsischen Eroberung nicht unterwerfen wollte und es vorzog, auf den „Litus" auszuwandern bzw. zu fliehen.

Von einem vorkeltischen und vorgermanischen Reliktgebiet zu sprechen ist so abwegig nicht, wie mancher glaubt, denn auch die Pikten in Schottland gehören zu der nicht-keltischen, nicht-indogermanischen Urbevölkerung und

überlebten mit ihrer Sprache und Stammesorganisation nach Meinung von
W.B. Lockwood bis mindestens ins 9. Jh. (W . B. Lockwood, Überblick über die
germanischen Sprachen, Die Pikten, S. 109)

Helmut Ehmer: Die sächsischen Siedlungen auf dem französischen
„Litus saxonicum", Studien zur englischen Philologie, Halle (Saale), 1937
R. E. Zachrisson: Romans, Kelts and Saxons in Ancient Britain,
J.B. Johnston: The Place Names of England and Wales, London, 1915
W. B. Lockwood: Überblick über die germanischen Sprachen, Die Pikten

----

6. Wendische (slawische) Ortsnamen auf den dänischen Inseln Lolland und Falster?

Zusammenfassung:

Die Namen der als „wendisch" d.h. slawisch bezeichneten Siedlungen auf den dänischen Inseln lassen sich auf vaskonisch oder einen eng verwandten Dialekt zurückführen.

Wahrscheinlich haben wir es sogar mit einer Übersiedlung/Flucht einer vaskonischen Volksgruppe aus den von Slawen oder Germanen eingenommenen Gebieten im heutigen Mitteldeutschland zu tun

Die Frage im Titel stellt sich deswegen, weil die Ortsnamen auf den dänischen Inseln Lolland und Falster, die den slawischen Wenden zugeschrieben werden, vaskonischer Herkunft sein können.

Wir beziehen uns auf die Schrift im Internet: *„Wendische (slawische) Namen auf Lolland und Falster"* von Leif Plith Lauritsen. Wir danken dem Autor für die ausgezeichnete Darstellung, die uns weitergehende Studien ermöglichte.

Zum Verständnis sollte der Leser sich mit einem Wörterbuch Baskisch-Deutsch vertraut machen wie mit den Lautvertretungen nach *von der Gablentz*, die wir im ersten Teil dieser Schrift (Kapitel 2) erläutert haben.

Die hier betrachteten Namen werden zunächst aufgeteilt in einen Stamm und eine der Endungen **-bitse, -litse, -ditze, -nitse.**

	Nordwest-Lolland
Kobelitse	bask. koba-zulo = Höhle

	Südwest-Lolland
Tillitse	<> T- = Anlaut-Konsonant, il = ul = (ur)= al = ab = ap = Bach, Sumpfwasser

110

Kuditse	bask. kutsu = Schmutz
Ulitse,	bask. ur = Wasser, ur <> ul, l = r
Revitse,	bask. eb-atsi = (r)eb-atsi = stehlen, entwenden

	Süd-Lolland
Kramnitse	bask. karmin = bitter, oder garb-itu = ausplündern
Gluckse	bask. gel-di = stillstehend, und usk = Wasser
Mullese	bask. mul-ko = Haufen, muino = muilo = Hügel oder mil-ika = ablecken, feucht
Bilitse (Bylice)	bask. bel-ar = Gras, Kraut; er wurde in der Ursprungsschrift als „Gras bewachsener Ort" bezeichnet und trifft damit unsere Deutung.
Krambes	bask. garb-itu = ausplündern, b=m

	Mittleres Lolland
Binnitse (Bynici/Zbynici)	weist auf Verwandtschaft mit bask. pentze = Wiese

	Süd-Falster
Gorke (bei Skelby)	bask. gora-gune = Anhöhe, Erhebung, ke = Rauch oder Plural-k
Daldehavns Mark	bask. T- Anlautkonsonant, alde = alt = lat = Bach, Fluß, havns = Hafen, oder bask. abia-gune = Ausgangspunkt <> Hafen

Gorke (bei Stavreby)	s.o.bask. gora-gune = Anhöhe, Erhebung, ke = Rauch oder Plural-k

	Mittleres Falster
Korselitse	bask. gor-otz = Mist, Kot, sail = Grundstück (vgl. Korschenbroich)

	Nord-Falster
Glinke	bask. kanila = Wasserhahn, glen + Plural-k, Bäche
Glindtzetofft	bask. lintzura = Sumpf, + Anlaut-K > G, Tofft, T-Anlaut, bask. opari = Geschenk, zum Geschenk machen, schenken. Demnach wurde vermutlich etwas im Sumpf geopfert.
Paniche Kilde	bask. pentze = Wiese, > kelt. pan = Sumpf, bask. gald-a = gießen, kilde = Oberlauf eines Baches, Quellbereich, Quelle (nicht aus dem baskischen Wörterbuch, sondern aus anderen Ortsnamen geschlossen)
Musel	bask. mus-kiltsu = schleimig, sail = Grundstück > also vermutlich feuchtes Gelände
Tekkele agre	bask. tak-et = Pflock, eli Herde, agor = trocken, dürr, unfruchtbar
Fribrodre	bask. bir-bil = rund, bir = fri, borda = Hütte, bor = bro, r- ed-iren = vorfinden, entdecken > Rundhütten vorgefunden

112

Erklärung der Namen der Inseln:

„Lolland" = ol-dar = Angriff, landa = land, also Land des Angriffs.

„Falster" = P-laster = F-laster = Falster = Strömung, Strom mit Konsonanten-umkehr *laster > alster*

Damit sind alle Namen von einer vaskonischen Herkunft erklärbar, einige ganz deutlich, andere weniger deutlich.

Erklärung der Endungen:

Die meisten Namen enden auf **–bitse**, was einem baskischem „biz" = Wohn-stätte entspricht.

Die übrigen Endungen **-litse**, **-ditse**, **-nitse** lassen sich über die Vertretung-regeln des *von der Gablentz* auf „biz" zurückführen: –litse (l = b), -ditse (d = b), nitse (n = s, s = b).

7. Die vorwiegend rheinischen Matronennamen

Zusammenfassung:

*Bisherige Deutungsversuche der Matronennamen, die aus den Inschriften der gefundenen **Weihesteine** erkannt wurden, konnten u.E. nicht befriedigen. Weder auf lateinischer noch germanischer Grundlage ergaben sich plausible Deutungen. Zwar waren sich die meisten Forscher einig, dass an den Weihesteinen die Menschen ihre Bitten und Flehen den Muttergöttinnen nahebrachten, doch ist es bis jetzt nicht gelungen, die einzelnen verschiedenen Beweggründe und Anliegen zu deuten, die sich in den Matronennamen ausdrücken. Man hatte den Eindruck, dass häufig geraten wurde, insbesondere wenn Verbindungen zu Personennamen konstruiert werden.*

*Aus Sicht der Ortsnamenforschung ist eine ubisch-germanische Deutung unwahrscheinlich, da sich im Rheinland eine unübersehbare Zahl von Ortsnamen (ur)baskischer, also vaskonischerr Herkunft findet und worunter viele Dopplungen deutsch-baskischer Namengebung sind, sodass wir vermuten dürfen, dass das **Vaskonische in der baskischen Form noch bis in die erste Hälfte des 1. Jahrtausends** überlebt hat und vom Lateinischen, z.T. auch vom keltisch-belgischen und später vom Germanischen überlagert wurde, aber auch nahtlos an das Germanische anschloss.*
So hatten Deutungsversuche, die das Baskische mit einbezogen, u. E. Erfolg.

Sie zeigen, dass die Weihesteine Bitten und Flehen der Menschen in ihren Nöten zum Ausdruck brachten.
Dabei gab es sowohl im landwirtschaftlichen Bereich, man denke an Vieh-krankheiten und Unwetter, als auch im persönlichen Bereich, wie Krankheiten und persönliches Unglück, viele Anlässe, den Beistand der Matronen zu erflehen.

Mit dem Ergebnis dieser Arbeit wird ein früher Hinweis des Sprachforschers Hans Kuhn bestätigt, der zum Abschluß seiner Arbeit *"Völker zwischen Germanen und Kelten, das Zeugnis der Namen"* von Rolf Hachmann, Georg

114

Kossack, Hans Kuhn, 1962, schreibt: *"Zum Abschluß machen wir auf weitere Folgerungen aufmerksam, die unser Ergebnis zu ziehen zwingt.*

Wir müssen jetzt vieles in Kulturgut und Lebensformen der Frühzeit wie auch der folgenden Perioden, dem wir uns gewohnt hatten entweder keltische oder germanische Herkunft zuzuschreiben, daraufhin prüfen, ob es nicht vielmehr zum Besitz der nachgewiesenen dritten Gruppe (einer vorindogermanischen, der Verf. A.H.) gehört hat.

Bei einigem ist dics offensichtlich, so bei dem Kult der Muttergottheiten, von dem im Nordteil des Rheingebietes Hunderte von Votivsteinen zeugen, deren Götternamen nur zum kleinen Teil aus dem Keltischen oder Germanischen zu erklären sind, und bei dem Fehlen des Königtums in den Stämmen des Nordwestens." (Seite 134, unten).

Wir sehen in den im Rheinland häufigen „**Fussfällen**" und Hagelkreuzen (z.T. auch als „Bilderstock" bezeichnet), die in der Literatur auch mit den „drei Juffern" in Verbindung gebracht werden, eine Fortführung der Tradition der Matronensteine und der Matronenverehrung.

Zum Verständnis sollte der Leser sich mit einem Wörterbuch Baskisch-Deutsch vertraut machen sowie mit den Lautvertretungen nach *von der Gablentz*, die wir im ersten Teil dieser Schrift (Kapitel 2) erläutert haben.

Im Lateinischen bedeutet eine „matrona" eine Ehefrau, Gattin, auch ehrbare Hausfrau, Frau von Stande.

Matronen werden meist in einer Dreiergruppe dargestellt, die Körbe oder Kästchen in ihren Händen halten. Ihr Haar ist oft lang herabwallend.

Sie sind auf sogenannten Votivsteinen dargestellt, mit lateinischen Inschriften, die man in die ersten Jahrhunderten nach Chr. zu datieren pflegt.

Soweit die Inschriften die Namen der Matronen betreffen, ist ihre Deutung strittig. Die im folgenden genannten Matronennamen sind eigentlich Beinamen, die zusätzlich genannt sind.

Wir werden nicht falsch mit unserer Vermutung liegen, dass die Matronen als Muttergottheiten verehrt wurden und ihr Beistand erfleht wurde.

115

Ungeklärt war bis heute, in welcher Sprache die Namen der Matronen bezeichnet wurden und welches Volk sie verehrte.

Wir beziehen uns auf eine Auflistung der Matronennamen im Internet unter *"Rheinische Matronen"* und unter *"Matronennamen"*.
Nach der Nennung der bisherigen Deutungen folgen die Namen und Deutungen auf vaskonischer Grundlage.

Beiname	Fundort	Bisherige Bedeutung
Abiamarcae	Floisdorf bei Aachen	„Das hinten im Wald liegende Grenzland"
Abirenae	Köln -Deutz	–
Afliae	Raum Köln (2 ×)	von *alfa* „Kraft"
Ahinehiae	Blankenheim bei Euskirchen	von *aha* „Wasser, Fluss"
Ahueccaniae	Gleuel bei Köln	Quellgöttin, von *aha* „Wasser, Fluss"
Alaferhviabus, Alaferhviae	Inden-Altdorf, Fronhoven bei Eschweiler, Gohr bei Dormagen, Pattern bei Aldenhoven (je 1 ×)	„Die Großen Lebensspendenden"
Alagabie, Alagabiae	Haus Bürgel bei Düsseldorf (je 1 ×)	„Die Allgebenden"
Alaterviae	Edinburgher Hafen Crammond	„(Eichen-)Baumgöttinnen"
Albiahenae	Oberelvenich bei Euskirchen (4 ×)	–
Alhiahenae	Neidenstein bei Heidelberg	von „Tempel" oder „Elch"
Almaviahenae	Thorr bei Köln	Bedeutung unklar

116

Beiname	Fundort	Bisherige Bedeutung
Alusneihae	Inden-Pier bei Düren	vom runischen Zauberwort *alu* oder dem germanischen *alup* „Rauschtrank"
Ambiamarcae	Köln-Deutz	–
Ambioreneses	Köln-Deutz	in einer Inschrift gemeinsam mit *Ambiamarcae* in einer Reihe römischer Götter genannt
Amfratninae	Eschweiler (12 ×)	„Die Matrone des persönlichen Glücks"
Amnesahenae	Thorr bei Köln	möglicherweise aus dem griechischen *amnesia* „Mangel an Erinnerung": „Gegen das Vergessen"
Andrusteihiae	Bonn - Bad Godesberg und Köln	antiker Name eines Stammes oder Volkes
Anesiaminehae	Zülpich bei Euskirchen	möglicherweise antiker Name eines Flusses
Annaneptiae	Xanten	„Freundliche Schwester"
Arvagastiae	Müddersheim bei Düren	Familienname
Asericinehae	Köln	Familienname
Atufrafinehae	Berkum Wachtberg bei Bonn	–
Audrinehae	Hermülheim bei Köln, gefunden um 1910 (7 Steine als Grabkiste wiederverwendet)	„Die göttlichen Beistand Verleihenden", „Die freundlichen Schicksalsmächte" (Römisch-Germanisches Museum, Köln)

Beiname	Fundort	Bisherige Bedeutung
Aufaniae	Bonner Münster, Tempelbezirk Görresburg bei Nettersheim, Zülpich, Köln, Jülich, Xanten, Nijmwegen, Haus Bürgel bei Düsseldorf, Rheder, Mainz, Lyon in Südfrankreich sowie im spanischen Carmona – insgesamt etwa 90 ×	„Freigebige Ahnmütter"
Aumenahenae	Köln (2 ×)	antiker Name eines Flusses
Austriahenae	Morken-Harff im Rhein-Erft-Kreis (etwa 150 ×)	„Die Östlichen"
Aviaitinehae	Haus Bürgel bei Düsseldorf	–
Baudihillia	Housesteads in Nordengland	„Die Verehrungswürdigen"
Berguiahenae	Gereonsweiler	Baumname
Berguinehae	Terz	–
Berhuiahenae	Gereonsweiler	–
Caimineae	Euskirchen	–
Cantrusteihiae	unbekannter Ort (3 ×)	antiker Name eines Stammes oder Volkes
Chandrumanehae	Billig bei Euskirchen	–
Chuchenae	Zülpich bei Euskirchen (4 ×)	–
Ethrahenae	Rödingen, Bettenhoven	–
Euthungae	Köln	antiker Name eines

Beiname	Fundort	Bisherige Bedeutung
		Stammes oder Volkes
Fachineihae	Niederrhein (3 ×)	von *fahana* „froh"
Fimmilena	Housesteads in Nordengland: Stiftung einer friesischen Legion	„Herrin des Fimelþings" („Endurteil"?)
Friagabis	Housesteads, Nordengland	„Die freundlich Spendende"
Frisavae	Xanten	antiker Name des Volkes der <u>Friesen</u>
Gabiae	Euskirchen (4 ×), insgesamt 12 ×	„Die Gebenden"
Gantunae	Köln	„Gänsegöttin" (von *ganta* „Gans")
Garmangabis	Lanchester in Nordengland	„Die reichlich Spendende", oder „Die germanische Gabis"
Gavadiae	Jülich (6 ×) und Mönchengladbach (2 ×)	entweder Ehestifterinnen oder Göttinnen, die über Eide und Gelübde wachen
Gavasiae	Thorr bei Köln	vom gotischen *gawasjan* „bekleiden"
Gesahenae	Niederrhein (5 ×)	–
Gratichae	Euskirchen	–
Guinehae	Terz	möglicherweise von *Berguinehae*
<u>Hamavehae</u>	<u>Inden-Altdorf</u> und Vilvenich, Kreis Düren	vom Namen des Volkes der <u>Chamaver</u>, findet sich in der antiken Literatur

Beiname	Fundort	Bisherige Bedeutung
Havae	Merzenich bei Düren	„Die Hohen"
Hiheraiae	Enzen bei Euskirchen	–
Ifles	Gohr bei Dormagen	–
Ineae	Bonn	–
Iulineihiae	Müntz bei Jülich	–
Kannanefates	Köln	vom Namen eines römischen Regiments
Lanehiae	Lechenich bei Euskirchen	–
Leudinae	Pesch und Derichsweiler und Lüttich	–
Lubicae	Köln	„Die heilenden Göttinnen"
Mahalinehae	Köln, Deutz (2 ×)	möglicherweise Gerichtsgöttinnen
Marsacae	Xanten (2 ×)	antiker Name eines Stammes oder Volkes
Masanae	Köln	Bedeutung ungeklärt
Mediotautehae	Köln	„Göttinnen des mittleren Landes"
Mopates	Nimwegen	möglicherweise antiker Name eines Waldes
Naitienae	Thorr bei Köln	möglicherweise antiker Name eines Flusses
Nersihenae	Jülich	möglicherweise antiker Name eines Flusses (Niers)
Nervinae	Bavay in Nordfrankreich	wahrscheinlich vom Namen des germanischen Volkes der Nervier

Beiname	Fundort	Bisherige Bedeutung
<u>Octocannae</u>	Gripswald, Kreis Krefeld, heute Meerbusch (7 ×)	vom keltischen *ukta* „Fichte" (Baum)
Ollogabiae	Mainz (2 ×)	„Die reichlich Gebenden"
Ratheihiae	Euskirchen	Schicksalsgöttinnen
Renahenae	Bonn	möglicherweise Flussgöttin des <u>Rheins</u>
Rumanehae, Romanehae	Niederrhein (12 ×+)	Göttinnen einer Römersiedlung
Saitchamiae	Hoven bei Zülpich	Göttinnen der Magie
Seccanehae	Blankenheim bei Euskirchen	Familienname
Suebae	Köln (2 ×), Deutz (1 ×)	suebische Matrone
Teniavehae	Blankenheim bei Euskirchen	–
Textumeihae	<u>Soller/Vettweiß</u> (1 ×), Floisdorf/Mechernich (1 ×), Boich/Kreuzau (1 ×)	aus dem Wortstamm *textuma* „rechts" oder „südlich" und „der Folgende": „Die Göttinnen der Südleute", oder auch „Die Glückverheißenden" (nach der glückbringenden rechten Seite bei <u>Auspizien</u>)
Tummaestiae	Sinzenich bei Euskirchen	„Hilfreiche Frauen des Hauses"
Turstuahenae	Derichsweiler (2 ×)	–
Udravarinehae	Niederrhein (3 ×)	–
Ulauhinehae	Geich bei Füssenich	–

Beiname	Fundort	Bisherige Bedeutung
Vacallinehae, Vacallinebus, Vocallinehae	Pesch und Umland, Aachen (1 ×), insgesamt etwa 280 × (7 ×)	Matronen eines Rheinarmes, die Form *Vacall-* findet sich in heutigen im regionalen Umfeld vorkommenden Orts- und Gewässernamen
Vallabnaehiae	Köln (2 ×)	Familienname
Vallamaeneihiae	Köln	Familienname
Vataranehae, Veterahenae	Embken bei Düren (3 ×)	–
Vesuniahenae	Vettweiß bei Düren (5 ×)	antiker Name eines Ortes
Veteranehae	Embken bei Düren (7 ×)	in Zusammenhang mit Wasser
Vibe	Thermalquelle Warmbad in Villach, Kärnten, Österreich	in Zusammenhang mit: Wurzel, Weben, Quelle, Schicksalsfaden, verwoben, Familienband, Heim

In dem textlichen Beitrag von Wikipedia wird eine allgemeine Deutung der Matronen-Beinamen gegeben, die in der Tabelle nicht so eindeutig belegt ist. Sie kommt aber unserer allgemeinen Deutung sehr nahe.

Nachdem es sich gezeigt hat, dass die Befragung der baskischen Sprache zur Aufklärung und Deutung alter Namen Erfolge brachte, die vorher nicht zu erwarten waren, sollen auch die (vor allem) **rheinischen Matronennamen** auf den Prüfststand gestellt werden und versucht werden, ob sich mit Hilfe des Baskischen eine Deutung ergibt.

Wir weisen darauf hin, dass auch unsere Deutungen keine Mathematik darstellen, darin bin ich mit den Verfassern des Wikipedia-Aufsatzes einig.

Die Tabelle mit den Namen und Fundorten haben wir von Wikipedia übernommen in der Annahme, dass die Aufstellung vollständig ist. (Wikipedia, Matronen, Stand 29.01.2013). Wir danken dem nicht genannten Verfasser für seine Vorarbeit.

Eine oft vorkommende Endung ist die auf **„hel"**, helfen, bask. „helpide" = Hilfe. „Hel" entspricht aber auch „hen", l=n, und mit Konsonantenumkehr ergibt sich „neh".

Die große Zahl der Endungen auf „-hen" und „-neh" zeigt, dass die Menschen, die zu den Matronensteinen gingen, in erster Linie Hilfe erbaten, Hilfe bei Krankheiten, bei Viehseuchen, bei verleumderischen Lügen, bei Verfolgung und natürlich auch Schutz von Ortschaften oder Glück bei kriegerischen Auseinandersetzungen.

Name	Fundort	Mögliche Bedeutung aus baskischer Sicht
Abiamarcae	Floisdorf bei Aachen	Ab-ail = Erschöpfung, Ermattung, ia = beinahe, mark-etz = Makel, Unvollkommenheit
Abirenae	Deutz	Abere = Vieh, ir-ents = fressen, (gefressen werden), en = hen, hen = hel, hel = Hilfe
Afliae	Raum Köln (2x)	Abel-buru = Vieh, li-skar = Streit (um)
Ahinehiae	Blankenheim bei Euskirchen	Aha-lmen = Macht, Vermögen; nahi=nehi= Wunsch

Name	Fundort	Mögliche Bedeutung
Ahueccaniae	Gleuel bei Köln	Ahul = schwach, gebrechlich, ekan(du) = sich gewöhnen, ekarri = ekan = bewirken, verursachen, ni = ich
Alaferhviabus (1x), Alaferhviae (1x)	Altdorf bei Inden (Rheinland), Fronhoven bei Eschweiler, Gohr bei Dormagen, Pattern bei Aldenhoven	Ala-f = in der Tat, fröhlich, ausgelassen, fer-eka = Liebkosung, hen=hel = Hilfe, bia-o = Mittagsruhe, (oder ia = beinahe), bus = boz-kario = Freude, Jubel; Ala-f = in der Tat, fröhlich, ausgelassen, fer-eka = Liebkosung, hen=hel = Hilfe, bia-o = Mittagsruhe
Alagabie (1x), Alagabiae (1x):	Haus Bürgel bei Monheim	Ala = Schmerz, gab-ezia = Entbehrung
Alaterviae	Edinburgher Hafen Crammond	Alad-ura = Gewissensbisse, (oder alat-su = schmerzhaft), arbui-o = Verachtung
Albiahenae	Oberelvenich bei Euskirchen (4x)	Alb = abel, abel-buru = Vieh, ia = beinahe, hen=hel =Hilfe
Alhiahenae	Neidenstein bei Heidelberg	Alha = Weide, ia=beinahe, hen=hel =Hilfe
Almaviahenae	Thorr bei Bergheim	Alm=alb, abel-buru = Vieh, ab-aildura = Erschöpfung, ia =beinahe, hen=hel =Hilfe

124

Name	Fundort	Mögliche Bedeutung
Alusneihae	Inden (Rheinland)-Pier bei Düren	Al-ferkeria=Faulheit, us-adio= Brauch, neh=hen=hel=Hilfe,
Ambiamarcae	Deutz	Ambio- urkeltisch = um-, ia = beinahe, marka = markieren, um die Grenzen herum
Ambioreneses	Deutz	Ambio- urkeltisch = um-, ren = rhein, um den Rhein herum
Amfratninae	Eschweiler (12x)	Am-orraldi = Wutanfall, ber-matu = gewährleisten, at-erpe = Zuflucht, ni-ketz = meinerseits, n=neh=hen=hel=Hilfe oder Wunsch
Amnesahenae	Thorr bei Köln	Amnis-stia = Gnadenerlass, hen=hel=Hilfe
Andrusteihiae	Bonn, Godesberg, Köln	Anda = Totenbahre, (r)ust-el = verwesen, zersetzen, ei = man sagt, hi-l = tot,
Anesiaminehae	Zülpich	Anitz = zahlreich, ia = beinahe, min = Schmerz,Weh, neh=hen=hel=Hilfe
Annaneptiae	Xanten	Ana-ia = Bruder, neb-a = Bruder einer Frau, ti-rabira = zwischenmenschliche Spannungen
Arvagastiae	Müddersheim bei Düren	ar-ao = Beschwörung, Fluch, bah-i = Pfand, gast-u = Geldausgabe

Name	Fundort	Mögliche Bedeutung
Asericinehae	Köln	As-aldari = Störenfried, eri = Kranker, zin-kurin = wimmern, schluchzen, neh=hen=hel=Hilfe
Atufrafinehae	Berkum bei Bonn	At-sekabe = Kummer, Gram, Drangsal, uf=ub, ub-eldu = Blauer Fleck, (r)afi vielleicht abi-su = Warnung, neh=hen=hel=Hilfe
Audrinehae	Hermülheim bei Köln, gefunden um 1910 (7 Steine als Grabkiste wiederverwendet)	Au-hen = Jammer, Wehklagen, tri-skantza = Zerstörung, neh=hen=hel=Hilfe
Aufaniae	U.a. Bonn und Nettersheim, Lyon (Frankreich) und Cordoba (Spanien). Insges. ca. 90x.	Aup-atu = loben, ban-atzaile = Verteilerin von Gaben
Aumenahenae	Köln (2x)	Au-henda = beklagen, bedauern, men-dera = bezwingen, unterwerfen, beherrschen, hen=hel=Hilfe
Austriahenae	Morken-Harff (ca. 150x)	auz-i = Streit, tri-ska = entzweien, ia = beinahe, hen=hel=Hilfe
Aviaitinehae	Haus Bürgel bei Monheim	Abizen = Familienname, aita = Vater, neh=hen=hel=Hilfe
Baudihillia	Housesteads in Nordengland	baldi-npe = bedingen, hil = sterben, ia = beinahe

126

Name	Fundort	Mögliche Bedeutung
Berguiahenae	Gereonsweiler	Ber-din = sich einander angleichen, gu = wir beide, ia = beinahe, hen=hel=Hilfe
Berguinehae	Terz	Ber-din = sich einander angleichen, gu = wir beide, ia = beinahe, neh=hen=hel=Hilfe
Berhuiahenae	Gereonsweiler	Ber-din = sich einander angleichen, gu = wir beide, h=g, ia = beinahe, neh=hen=hel=Hilfe
Borvoboenendoa	Utrecht	Bor-obil = rund, Freiwillige, boga = Rudern, b=g, oi-halontzi = Segelschiff, en-daitz = Steuerruder, doi = das Nötige,
Caimineae	Euskirchen	Kai-ola = Knast, min-bera = kränken, „neae" = neh=hen=hel=Hilfe oder nah-i = Wunsch
Cantrusteihiae	Unbekannt (3x)	Kan-potar = Fremder, trus-e=truk, tru-s = Geldwechsel, „teihiae" vermutlich falsch gelesen statt „neihiae" = hen=hel=Hilfe oder nah-i = Wunsch
Chandrumanehae	Billig bei Euskirchen	Kan-potar = Fremder, tru-ke = Tauschgeschäft, Geldwechsel, man-datu = Auftrag, neh=hen=hel=Hilfe
Chuchenae	Zülpich (4x)	Kok-atze = Ansiedlung, hen=hel=Hilfe

Name	Fundort	Mögliche Bedeutung
Ethrahenae	Rödingen und Bettenhoven	Eden=eder, eden = Gift, hen=hel= Hilfe
Euthungae	Köln	Eut-si = standhalten, ul-tzera = Geschwür, ul- = un-, neg=neh=hen=hel=Hilfe
Fachineihae	Niederrhein (3x)	Bahi-kuntza = Pfändung, neih=hen, (Konsonantenumkehr) hen=hel=Hilfe oder nah.i = Wunsch
Fimmilena	Housesteads, Nordengland. Stiftung einer friesischen Legion	Beg-irale = Wächter oder beg-ira = bewahren vor, m=b=g, mil-tar = Militär, ena=hen=hel=Hilfe
Friagabis	Housesteads, Nordengland	Bira-o egin = fluchen oder bir-ikeri = Lungenkrankheit, gab-ezia = Not
Frisavae	Xanten	Bir-sor = nachwachsen, sab-eldario = Ruhr oder sab-eleko = Durchfall
Gabiae	Euskirchen (4x), insgesamt 12x	Gab-ezia = Entbehrung, Mangel, Not
Gantunae	Köln	Gan-oragabe = liederlich, zurr-utari = Säufer, z=t, rr=n
Garmangabis	Lanchester, Nordengland	Garb-itu = plündern, b=m, an-dea = verderben, gab-ezia= Entbehrung
Gavadiae	Jülich (6x) und Mönchengladbach (2x)	Gab-ezia= Entbehrung, adi-a egin = wehklagen

Name	Fundort	Mögliche Bedeutung
Gavasiae	Thorr bei Köln	Gab-ezia = Entbehrung, Not, as-aldari = Aufrührer, Störenfried
Gesahenae	Niederrhein (5x)	Ges-ur = Lüge, hen=hel=Hilfe
Gratichae	Euskirchen	gar-aizza = Sieg, zig-or = Strafe,
Guinehae	Terz	Gu = wir beide, neh=hen=hel=Hilfe?
Hamavehae	Altdorf	Hamabi = zwölf, beh-ar = Nöte ?
Havae	Merzenich bei Düren	Hab-e = Balken, Träger ?
Hiheraiae	Enzen bei Euskirchen	Hig-uin = Ekel, h=g, erai-l = ermorden?
Ifles	Gohr bei Dormagen	Ibar =Flußtal, b=f, r=l, (in der Nähe des Norfbaches)
Ineae	Bonn	Ira-bazi = siegen, n=r
Iulineihiae	Müntz bei Jülich	Juli = Jüli-ch, neih=neh=hen=hel=Hilfe fur eine Stadt
Kannanefates	Köln	Kana-bera = Röhricht, Sumpf, nafarr-eri = Pocken, rr=d, d>t; Matrone gegen Sumpfkrankheiten, s. Volksstamm der Kanninefates, siehe Kennemerland bei Amsterdam
Lanehiae	Lechenich bei Euskirchen	Lan-aldi = Tagwerk, neh=hen=hel=Hilfe

Name	Fundort	Mögliche Bedeutung
Leudinae: Matronenbeiname	Pesch, Derichsweiler, Lüttich.	Lugin-tza = Ackerbau, d=g, neh = Hilfe
Lubicae	Köln	Lub-erri = Neuland, bik-ain = vortrefflich
Mahalinehae	Köln (2x), Deutz	Maha-ts = Weintraube, li-lura = begeistern, verführen, l=n, neh=hen=hel=Hilfe
Marsacae	Xanten (2x)	Name eines Stammes oder Volkes: mar-atz = tüchtig, sak-an = Niederung, Tal
Masanae	Köln	Mas-kal = entkräftet, zan-gope = Knechtschaft
Mediotautehae	Köln	Me-ndekatzaile = Rächer, dio-sal = grüßen, ot-oitz = Gebet, auzi = Streit, eh-orzketa = Begräbnis,
Mopates	Nimwegen	Botere = Macht, b=m, patu = Schicksal, > Macht des Schicksals?
Naitienae	Thorr bei Köln	Nahi = wollen, ten-tatu = in Versuchung führen, oder zin = Eid, Schwur
Nersihenae	Jülich	ner-bio-gaixo = nervenkrank, si-rats = Schicksal, hen=hel=Hilfe; wurde wahrscheinlich Flussname der Niers

Name	Fundort	Mögliche Bedeutung
Nervinae	Bavay in Nordfrankreich	Wahrscheinlich vom belgischen Völkernamen Nervier, neh=hen=hel=Hilfe
Octocannae	Gripswald Kreis Krefeld, heute Meerbusch (7x)	Ok-ada = Brechreiz, to-xiko = giftig, kan-abera = Röhricht; Sumpfgebiet als Krankheitsursache
Ollogabiae	Mainz (2x)	Ol-dar = anstürmen, d=l, lo-tseria= Furcht, Angst, gab-ezia = Mangel
Ratheihiae	Euskirchen	(r)az-piko = Futter, heia = Stall
Renahenae	Bonn	Hilfe durch eine Flussmatrone, möglicherweise vom Rhein, wahrscheinlich, wenn rena = Rhein, hen=hel=Hilfe
Rumanehae und Romanehae	Niederrhein (12x+)	Hilfe für die Römer
Saitchamiae	Hoven bei Zülpich	Saiatu = fleißig, emsig, kab-ala = Vieh, m=b
Seccanehae	Blankenheim bei Euskirchen	Sega-da = Falle, Hinterhalt, neh=hen=hel=Hilfe
Suebae	Köln (2x), Deutz (1x)	Su-ge = Schlange, eb-ahi Einschnitt, eb-akuntza = Operation (bei Schlangenbiss)
Teniavehae	Blankenheim bei Euskirchen	Ten = Gleichgewicht, ia = beinahe, beh-ar = Notwendigkeit

Name	Fundort	Mögliche Bedeutung
Textumeihae	Düren (3x)	Tax-u = Gestalt, tun=tum = dumm, mais-u = Lehrerin
Tummaestiae	Sinzenich bei Euskirchen	Tum=tun-tun dumm, mais-u = Lehrerin, ti-rano = Tyrann
Turstuahenae	Derichsweiler (2x)	Turrusta = Wasserstrahl, hen=hel=Hilfe
Udravarinehae	Niederrhein (3x)	Udal-batza = Gemeinderat, l=r, udal=udra, Bar-kamen = Verzeihung, neh=hen=hel=Hilfe
Ulauhinehae	Geich bei Füssenich	Ul-ermen = Verstand, Auffassungs-gabe, aupada = Herausforderung, h=p, neh=hen=hel=Hilfe
Vacallinehae	Pesch und Umland (über 290x)	Bakar = Einsamheit, Einzel(kind), gale = Wunsch, neh=hen=hel=Hilfe, anscheinend Bitte um größeren Kindersegen
Vallabnaehiae	Köln (2x)	Ll=b, bab-es = Schutz, Zuflucht, abel-buru = Vieh, l=n
Vallamaeneihiae	Köln	Ll=b, bab-es Schutz, Zuflucht, main-gueri = Klauenseuche
Vataranehae, Veterahenae	Embken bei Düren (3x)	Bat-zar = Versammlung, Tarr-patata = Getümmel, ara-o = beschwören, neh=hen=hel=Hilfe

132

Name	Fundort	Mögliche Bedeutung
Vesuniahenae	Vettweiß bei Düren (5x)	Ves=beh, beh-ar = Bedrängnis, Not, sun-tsi = zugrunde gehen, verwüsten, ia beinahe, hen=hel=Hilfe
Veteranehae	Embken bei Wollersheim (7x)	Bet-e = erfüllen, befolgen, eran-tzuki = Vorwurf, neh=hen=hel= Hilfe
Vibe	Thermalquelle Warmbad Villach	Bill, bil- zusammentreffen, aho = Mündung, daraus entstand der Name Villach, am Zusammenfluss der <u>Drau</u> mit der <u>Gail</u>.

In der einschlägigen Literatur zu den Matronennamen findet man Aussagen wie die, dass die Matronen in ubischer Tracht dargestellt werden, nicht in römischer oder in keltischer oder in germanischer.

Aus Sicht der Ortsnamenforschung ist eine ubisch-germanische Deutung unwahrscheinlich, da sich im Rheinland eine unübersehbare Zahl von Ortsnamen vaskonischer Herkunft findet und worunter viele Dopplungen deutsch-baskischer Namengebung sind, sodass wir vermuten dürfen, dass das Baskische noch bis in die erste Hälfte des 1. Jahrtausends überlebt hat und vom Lateinischen und später vom Germanischen überlagert wurde, das Germanische aber auch nahtlos an das Baskische anschloss.
Es stellt sich die Frage, ob nicht der ubische Volksstamm vielleicht doch ein Überbleibsel der vasconischen Völkerschaften war, vielleicht unter der Herrschaft einer germanischen Adelssippe. Denn manche Ortsnamen in Köln und Umgebung scheinen vaskonischen Ursprungs zu sein.

Wir müssen uns ein zu dieser Zeit „germanisch besiedeltes Gebiet" nicht so vorstellen, dass in diesem Gebiet flächendeckend eine einheitliche Sprache gesprochen worden wäre, sondern dergestalt, dass zunächst eine germanische Oberschicht die Herrschaft ausgeübt hat und neben germanischen Siedlern noch lange eine Urbevölkerung gelebt hat, die in der Regel auf geringerwertige Böden abgedrängt wurde und weiterhin eine andere Sprache gesprochen und eine andere Kultur gelebt hat.

Es wird über lange Zeit Sprachinseln gegeben haben, bis sich eine Sprache als herrschend herausgebildet hat. Und das kann sowohl die Sprache der Erobernden wie auch der ehemals Beherrschten sein, bis auch deren Sprache irgendwann unterging.

Zwei Kennzeichen für die vasconische Sprach- und Kulturgemeinschaft scheinen

1. die Zwanziger-Zählweise (80=4x20), die man heute noch im Dänischen und Französischen vorfindet, und

2. die auf alten matriarchalen Gesellschaftsstrukturen beruhende Verehrung von Muttergottheiten zu sein, die man im hamitisch-berberischen Raum bis nach Arabien fand.

So wurden in vor-islamischer Zeit in Mekka die Göttinnen Lat, Uzza und Manat verehrt, im germanischen Raum finden sich entsprechende weibliche Dreiheiten und mit Schwerpunkt im Rheinland die uns bekannten und von manchen heimlich noch heute verehrten „drei Juffern" (Jungfrauen).

Die Fortsetzung dieser Kulte kann man heute noch in den Frühjahrspro-zessionen zu den „Fussfällen" und „Hagelkreuzen" sehen, deren Intentionen sich mit denen der Matronensteine auffällig decken.

---

8. Vogelnamen

Den aufgeführten Vogelnamen liegen die Vogelbücher von Jürgen
Lindenburger und Walther Thiede zugrunde.

Wir haben bisher kein Sachgebiet gefunden, das soviele Wörter enthält, die
man auf das Baskische zurückführen kann, wie das der Vogelnamen. Selbst
das der Blumen- und Kräuternamen kann da nicht mithalten.
Zum Verständnis sollte der Leser sich mit einem Wörterbuch Baskisch-Deutsch
vertraut machen sowie mit den Lautvertretungen nach *von der Gablentz*, die
wir im ersten Teil dieser Schrift (Kapitel 2) erläutert haben.

Vogelname	Bedeutung
Amsel	eb-asle = Dieb, m=b, e=a, b=m, = Am-, asle mit Konsonantenumkehrung zu sal-e, zu sel, > Amsel, mhd. abesle, awasel,
Baumfalke	1. bela = Segel, gai = befähigen, tz=z, z=k, z=g > zum Segeln fähig, (bask. bel-atz = Falke), oder 2. bel-dur = Angst, Furcht, gai = befähigen > der Furcht erregende Vogel

Bekassine	baga = Woge; geza = fade, geschmacklos;
	 zin-gira = Sumpf, Morast;
	 Ein Vogel, der im morastigen Niedrigwasser, auch Brackwasser, auf Nahrungssuche geht

Bläßhuhn	bel-ztasun = Schwärze; > in "Bläß" steckt das umgekehte "Bl" von beltz = Schwärze
Brachpieper	Brachet = ber-o = Hitze, Wärme, ek-aitz = Sturm, Gewitter; Brach = Sommer
Girlitz	kir-ika = auflauern, litxar = naschhaft

Dohle	dorre = Turm, rr = l
Dompfaff	zom-orro = Insekt, Käfer, z = d, bafa = schnauben,
Drossel	txori = Vogel, sal-do = Schwarm; mhd. trostel = Drossel, urk. trozdi- = Star, ir. truid, corn. troet
Eisvogel	1. bask. is-uri = (Aus-)Fluß ; 2. urkelt. (p) eisko-s = Fisch
Elster	al-ameneko = aufdringlich, lästig, al-arau = Geschrei, al-gara = lauthals lachen, johlen, txar = schlecht, schlimm; ein aufdringlicher und schlimmer Vogel
Enten	anez-ka = Schiffchen?
Gans	antzara = Gans
Fasan	pais-aia = Landschaft, p = f, sar-kor = durchdringend, schrill, r = n, vielleicht wegen seines schrillen Schreies
Feldlerche	larre = Wiesen, zain = überwachen, z=ch
Finken	binaka = zu zweien, paarweise, gan-ga = Gaumen
Fischreiher	(r) ihi = Binse
Fitis	bis-uts = Schaum, s=t, is-uri = ausfließen, abfließen; > ein Vogel, der u.a. in Sumpfwäldern und Flußauen vorkommt
Feldschwirl	birl-a = Kegel, mit Anlaut-S; > benannt nach dem kegelförmigen oder napfförmigen Nest, "das aus Halmen, Laub und Gras erbaute Nest ist auf dem Boden in dichter Vegetation gut versteckt."
Eichelhäher	kakara = gackern, k = h

136

Gelbspötter	poz = Freude, Jubel, z = d, d = t, wegen ihres schönen Gesanges, "weil er in seinen molodischen Gesang viele Vogelstimmen und Gesänge anderer Arten einbaut."
Gimpel	kimu = Spross, Knospe, Schoss, bal-ia = verwenden, nützen, von etwas Gebrauch machen; "...obwohl er im Frühling durch Knospenverbiß nicht nur Freude bereitet".
Goldhähnchen	gold- gain-zain = Gold - Oberseite g = h, zain - pflegen, erhalten, z = ch
Grasmücken	ger-iza = Schutz suchen, ez = Mangel, ez-aldi = Notlage, Unglück, Mißgeschick, ez-deuste = Zerfall, Vernichtung, muga = Grenze, mugi = sich bewegen
Habicht	heg-al = Flügel, g=b, ik-ara = Schrecken, Schauder, Erzittern
Kiebitz	ges-al = schmelzen, tauen, geb = gib = ges, s=b, biz = Leben, z = tz; > ein Watvogel, der im Binnenland brütet
Kleiber	gil-tza = zuschließen, ineinanderfügen, gil- = klei-, bar-auts = Geifer; > ein Vogel, der mit seinem Speichel (Geifer) (und Lehm als Baumaterial) seine Höhle einschließt, d.h. das Flugloch verkleinert
Kolkrabe	kolko = Busen, koloka = brüten, "Glucke"
Kranich	geraraz = anhalten, stoppen, r=n, ihi = Binse; > ein Vogel, der auf seinem Zuge in den Binsen rastet
Kuckuck	Kuku

Lachmöwe	leh-or = trocken, dürr, Festland: > Möwe, die auf trockenem Land lebt, häufigste Binnenlandmöwe
Lerchen	larre = Weide, Wiesen, zain = überwachen z = ch
Mäuse**bussard**	pus-ka = zerbrechen, zerschlagen, aus-ardia = Kühnheit
Mehlschwalbe	mal-datsu = steil, mal-kar = herabstürzen, sabel = Bauch bai-etsi = bestätigen
Milan	miru = Milan, r=l
Mösch	baskisch moz-olo = Steinkauz; > rheinisch **Mösch** (Sperling) z = s, s > sch, mit Bedeutungswandel
Nachtigall	gall = kalaka = Geschwätz; die des nachts schwatzt
Pirol	piro = junge Ente, junge Gans; > gelb wie ein Küken einer Gans oder einer Ente
Rabenvögel	erroi = Rabe
Rauchschwalbe	(r) uk-uilu = Stall, sab-el = Bauch, eg-oiliar = ansässig, g = b, eg = be, siehe auch "Rauchhuhn" = Stallhuhn?
Rebhuhn	**(r) eper** = Rebhuhn
Rohrdommel	zom-orro = Käfer, Insekt, Kinderschreck; "hin und wieder betätigt sich die Rohrdommel auch als Nesträuber", daher die baskische Nebenbedeutung "Kinderschreck"
Schwan	sabel-du = wölben, ausbauchen, l=n
Spatz	pez-oi = Hecke, mit Anlaut-S, tz=z
Sperber:	paratu = sich hinstellen, sich hinsetzen, bar-randa = auflauern, mit Anlaut-S
Sperling:	par-randa = Bummel, ling = leinu = Sippe, Volksstamm, mit Anlaut-S

Star:	txor-i = Vogel
Steinkauz	gauz-ain = Nachtwächter, g = k
Stieglitz	txiki = klein, litxar = naschhaft
Stockente	txoko = Ecke, Winkel
Storch	txor-i = Vogel, r ihi = -ch = Binse; > Ein Storch watet durch Feuchtgebiete mit Binsen
Uhu	uhuri = Heulen, Geheul; = Uhu = Eule, h =l
Ziegenmelker	1. zikin = Schmutz, malkar = herabstürzen; > "die Ziegenmelker haben ein schmutzig aussehendes Gefieder und sind nachtaktiv, tagsüber schläft er unsichtbar auch auf waagerechten Ästen." 2. zikin = Schmutz, mail-uka =hämmern, mail-aka = abstufen, kar-r = Kalk; > sein schmutzig, kalkig gehämmertes Gefieder könnte ihm den Namen gegeben haben

9. Teile der deutschen Sprache, die vom Baskischen geprägt wurden

Wir haben in den vorherigen Kapiteln die These vertreten, dass sich das
Deutsche aus einer Mischung von indogermanischer Sprache und dem
Vaskonischen entwickelt hat.
Im Deutschen gibt es Bereiche, die den vaskonischen Ursprung und Anteil
noch besonders gut darstellen, sogar dann noch, wenn man das heutige
Baskisch unterstellt und auf das ältere Vaskonische verzichten muss,
da es nicht überliefert ist.

	Vor- und Nachsilben
Ver-	ber-retsi = bekräftigen, bestärken, z.B. essen - fressen
Ver-	ber-reror = rückfällig werden, verhindern
Zer-	tar-rata = zer-reißen
Be-	bai-ets = bestätigen, bejahen, billigen
-chen	zain = betreuen, pflegen, überwachen, erhalten
Ge-	ka-lapita = Getümmel, gai = Sache, Sachgebiet, Stoff, gai(tu) = befähigen, z.B. gedeihen

	Pronomen
er	ar = Männchen, männlich
sie	zehatz = genau, exakt; ze = sie
es	ez-zehatz = ungenau; also weder belebt noch unbelebt, entspricht ndl. het, rheinisch et, nhd. es

140

In der baskischen Sprache wird nicht unterschieden zwischen männlich,
weiblich und sächlich, sondern zwischen belebt und unbelebt. Daher gilt ein "es
= "sächlich" als ungenau.

Zahlen	
Hundert:	**ehun** = hun-dert, **zart**-adura = Sprung, z=d, = "dert", sobald ein Hundert voll ist, ergibt sich ein neuer Sprung auf das nächste Hundert
Tausend:	**taul**-a = Tabelle, Brettspiel, l=s, = "taus", **errenk-**ada = Reihe, "send" rr=s, n=n, k=t, t=d

Farben	
gelb	**beilegi** = gelb, blond, man muß die Konsonanten umkehren und dann neu lesen b-l-g wird dann zu g-l-b, bei gleichbleibenden Vokalen ergibt sich **gelb**
blond	**gorringo** = Ei-Dotter, ei-gelb; g=b, rr=l, g=d, > aus gorrin ergibt sich sowohl **blond** (siehe vorher) als auch Dotter, g=d, o=o,rr=d, d=t, n=r
rot	**gorri** = rot, nach einer Tabelle des Sprachforschers G. von der Gabelentz ist rr=r, g=d, d=t, man muß die Konsonanten umkehren und dann neu lesen g-r wird dann zu r-g, da aber g=d ist, bei gleichbleibendem Vokal ergibt das **rot**
blau	**urdin** = blau (ur heißt Wasser, und Wasser war wohl in den Augen der Ureuropäer blau), nach oben genannter Tabelle ist d=b, und r=l, bei gleichbleibendem Vokal und Umkehr der Konsonanten ergibt das **blu,** u wird zu au

grün	**musker** = grünen, musker führt nicht zu dem Wort grün, aber zu Busch, m=b. Hier muß man die Wortbestandteile gr und ün/un untersuchen. gr kann von **gar-azta** = begießen abgeleitet werden, un, da n=r, von **ur** = Wasser, also "das mit Wasser begossene" = **grün**
weiß	**zuri** = weiß, das führt nicht zu dem Wort weiß, dennoch hat es damit zu tun, denn es steckt darin "tun", z=t, r=n, "tünchen", mit Kalk streichen. Aber es gibt ein Wort, aus dem sich mittelbar weiß ergibt. **gisu** = Kalk, nach oben genannter Tabelle ist g=b. **Weiß** bedeutet also Kalk, und der ist ja weiß.
schwarz	**beltz** = schwarz, das führt nicht zu dem Wort schwarz. Hier muß man die Konsonanten von schwarz untersuchen und zum Ausgangspunkt nehmen. Dabei ist das anlautende s wegzulassen. Also w=b, r bleibt r, z bleibt z, wir finden ein Wort **berezi** = eigentümlich, eigenartig, besonder, speziell, das also verstanden die Ureuropäer auch unter **schwarz,** neben beltz (vgl. Beltze-Bub)
lila:	**lila** = Flieder

	Sachliche Gegensätze
früh - spät	früh: **berez** = von Natur aus, von selbst, **uhin** = Welle, Flut; spät: **pair**-amen = Geduld, r=z, z=d, d=t, mit Anlaut-s;
gut - böse	gut: **kut**-unkeria = Günstlingwirtschaft; böse: **gaiz**-to = böse; "geiz"ig, g=b, geizig ist böse
süß - sauer	süß: **gozo** = süß, g=s, z=s; sauer: **garratz, gazi** = sauer, g=s, a=au, z=r;

142

hart - weich	hart: **ert-**sa = einengen, zwängen, drängen, unter Druck setzen; bedrängt werden ist hart weich: **big-un** = weich, **biz-i** = Leben; Leben ist weich, im Gegensatz zu Stein, Fels, der hart ist,
tot - lebend	tot: **odol** = Blut, **odoluste** = Blutverlust; vermutlich aus (p)odol, p=t, **>(t)od**-oluste = Tod lebend: **lab-**aki = Neuland
warm - kalt	**warm: ber-o** = Wärme, Hitze, heiß; "warm" **kalt: geld-i** = bewegungslos, regungslos, stillstehend, langsam; "er hat ihn kalt gemacht" (getötet, dann ist er regungslos)
schwer - leicht	schwer: **sab-el** = Bauch, Leib, **bar-au =** fasten; fasten ist schwer. leicht: **likits** = schmutzig, schlüpfrig, obszön; vgl. leichte Mädchen
groß - klein	groß: **gor-a egin =** anwachsen, zunehmen, sich erhöhen, gor > gro, **os-o** = ganz, gesamt klein: **kinkila =** Kurzwaren; Konsonantenumkehr zu klein
dick - dünn	dick: aus den Kombinationen d=g, =l, =r, =b, =s, =z, und k=g, =z, =t, =b wählen wir d=g, k=b aus: > **dick = gibel =** Hinterseite; "was der einen Giebel hat! " (= Hintern) dünn: **zun-tz** = Faser
oben - unten	oben: b=g, b=m, b=p, ergeben Wörter mit ähnlicher Bedeutung: **oga-sun** = vermögend**,** **omen** = ehren, **oparo** = reichlich unten: **hondo**= Grund, Tiefpunkt; hond-ora = versinken;
breit - schmal	breit: **bereizi =** sich unterscheiden, auseinander halten; spreizen, breit

	schmal: **sabel** = Bauch, **sabel**-orro = Magenknurren, **sabel**-zorri = Heißhunger, b = m; > "Schmalhans Küchenmeister"
hin - her	hin: **hil, l=n,** = sterben, umkommen, töten; > hinscheiden, hinrichten, hindern, Hingabe, hinnehmen, hinfallen her: **haz-i** = wachsen, (heran)ziehen, groß werden, a = e, z=r
stark - schwach	stark: **azkar**= stark, mit Konsonantenumkehrung (z = d, d = t) + Anlaut-s schwach: **sab**-elalde = Leib, **eg**-arri = Durst, g = ch
buten - binnen	buten: **ut =** weg da, fort von hier, eigentlich **(b)ut**; rheinisch im Sinne von "raus" binnen: **in**-guru = Umgebung, Umkreis, Ring, <> innen, mit Anlaut b, rheinisch = binnen, "binnen de Rahmen bleiben"
ein - aus	entspricht **binnen** und **buten**
lang - kurz	lang: **denb**-ora = Zeit, d=l, b=g; > sollte das lat. Wort "tempora" schon vor der Entstehung des Deutschen aus dem Italischen ins Vaskonische übergegangen sein? Oder ist das Vaskonische älter als das lateinische "tempora"? kurz: **uzkur** = zusammenziehen, einschrumpfen, mit Konsonantenumkehr;
weit - nah	weit: **bide** = Weg nah: h=g, **neg**-ar = weinen; "das geht ihm nahe"
schön - häßlich	schön: **soin** = Oberkörper, Leib; häßlich: **hezi**-gabe = unerzogen, a = e, **gez**-urrezko = falsch, unwahr, verlogen, g=h
reich - arm	reich: **(r)ig**-ali = Frucht

144

	arm: **erag**-otz = behindern, beeinträchtigen, stören, g=b, b=m, mit Konsonantenumkehr
krank - gesund	krank: **ger**-araz = stilllegen, **eng**-oitik = von nun an gesund: **gai** = fähig, osa-**sund**-un = gesund
auf - ab	auf: **aupa** = auf ab: **eb**-aki = ab-schneiden
Feind - Freund	Feind: **gaind-i** = besiegen, f=b=g Freund: **berr**-etsi = bestärken, bekräftigen, **eusle = **Halt, (im Sinne von Unterstützung), s=d, l=n, mit Konsonantenumkehr b-r eu-d-n > b-r eu-n-d

Hans Muff	„Hans" = herr-i = Dorf, Volk, Nation, rr = n, e = a, (vgl. Hans Wurst, Schmalhans Küchenmeister, Hans Muff) „Muff" > Bube (m = b) = mutiko, t=p, putiko = Knabe, Bengel Zwarte Piet**, Schwarzer Peter** berezi = eigentümlich, eigenartig, besonder, patu = Schicksal, pat-xada = Gleichmut, peit-u = Mangel, Not, tar-apata = Getümmel Der Hans Muff ist wahrscheinlich ein Repräsentant der alten Bevölkerung, dessen/deren Schicksal in den Deutungen vom Schwarzen Peter zum Ausdruck kommt.
Knecht Ruprecht	„Knecht" > kan-potar = Fremder, Ausländern, nag-usi = die Vorherrschaft gewinnen „Ruprecht" > (r)ub = (r)um-ant, b = m, = Held bert-ako = Einheimischer, bert-ako > ber-ak-t > berecht; unter der Vorherrschaft der Fremden ist er ein Held der Einheimischen

Dieb	An dem Beispiel „ebasle" = Dieb lässt sich sehr gut demonstrieren, wie das Urbaskische die Grundlage zu der keltischen und deutschen Ausprägung von "Dieb" geworden ist: **„eb-asle" = Amsel = Merle = Dieb** **eb-asle = Amsel:** e=a, b=m, Am-, asle mit Konsonantenumkehrung zu sal-e, zu sel, > Amsel **eb-asle = merle:** (urkeltisch = Dieb), (rheinisch Merling = Amsel) = **merle,** b=m, s=r, l=l > Merle **eb-asle = Dieb:** l=d, e=ie, s=b > Dieb In dem baskischen "eb" steckt zugleich das nhd. "ab" "von" "weg", wie in abnehmen, wegnehmen

Suffixe im Baskischen

Die enge Verwandtschaft der deutschen Sprache mit dem Baskischen sieht man ganz klar an den Strukturen, die in beiden Sprachen z. Teil überraschend ähnlich sind, insbesondere an den Suffixen.

Verkleinerungsformen -ila, -ina,   = **-lein** n = l

andere	= Frau, andra-kila = Puppe
ur-botila	= Wasserflasche vgl. dt. Bottich, Bütte
botila	= Flasche, "Fläschlein"
tupina	= Topf, "Töpflein"
sakela	= Tasche, "Säcklein"; zaku = Sack
orkatila	= (Fuß)Knöchel
kutxatila	= Kistchen, Kasten, Etui
aitila	= Väterchen, bekannt als attila von aita = Vater, atta = Vater, dt. Etzel

146

Verkleinerungsform   -ki, -ka = **-chen**

adar-ki	= Horn, (Hörn-chen?)
adar-ki	= Horn, (Hörn-chen?)
kala-ka	= Geschwätz
zuzen-ki	= Gerade
tanta-ka	= tropfenweise
anez-ka	= Schiffchen
pix-ka	= bisschen, ein wenig

Adjektivendung -ska = **-isch**

mendi	= Berg
mend-iska	= Hügel
bilo	= Haar
bil-oska	= Härchen, Flaum

Substantivendung -keta = **-keit, -heit**

luberri-keta	= Rodung, Neulandgewinnung
zigur-keta	= Bestrafung
bortxa-keta	= Vergewaltigung
zorri-keta	= Entlausung

Substantivendung -keria, = **-erei**

zimur-keria	= Knauserei
zikoiz-keria	= Kleinlichkeit
zikin-keria	= Dreck, Schmutz
bortxa-keria	= Gewalttätigkeit

Substantivendung -kuntza = **-kunde**

presta-kuntza	= Ausbildung

Substantivendung -gune = vermutlich **"-ung"** mit Konsonantenumkehrung

abia-gune	= Ausgangspunkt
aba-gune	= Gelegenheit
zola-gune	= Mulde

Substantivendung -tasun = **-schaft**, (t zu p, s zu ch),
tasun > chap mit Konsonantenumkehrung

adei-tasun	= Höflichkeit
zikin-tasun	= Unsauberkeit, Schmutz

Substantivendung -dura, vielleicht verwandt mit got. -duds, lat. -tus? (r = d)?

lohi-dura	= Verschmutzung
zola-dura	= Pflaster
zuski-dura	= Versorgung

148

Substativendung -aldi = anti, (ti-an) > tion vgl. Nation,

isotz-aldi	= Frost

Substantivendung -zain = **-chen, -ken;** zugleich aber auch **zain** = bewachen, betreuen, pflegen

bainu-zain	= Bademeister
zeinu-zain	= Glöckner

Personalendung -lari = **-ler**

zientzia-lari	= Wissenschaft-ler (Wahrscheinlich Fremdwort aus dem Lat.)
bainu-lari	= Badegast

Personalendung -zale, zaile = **sen, sel,**
zale = Liebhaber, zail = schwierig, schwer, zäh "Rinnsal";

auzi-jart-zaile	= Kläger
bakar-zale	= Einzelgänger

Personalendung -ari = **-er**

zurrut-ari	= Säufer
zurrung-ari	= Schnarcher
zelat-ari	= Späher

| narrit-ari | = Spaßmacher, vgl. den typischen Irrtum, der versucht, Latein als die Grundlage darzustellen, aus der entlehnt worden sein soll; *"lat. Bildungsweise -arius in typischen Berufsbezeich-nungen, die von Nomina, welche den Bereich der Tätigkeit bezeichnen, wird anhand zahlreicher früher Entlehnungen auch im Germanischen produktiv."* (H. Krahe, W. Meid, Germanische Sprachwissenschaft, 1967, S. 82) |

Suffix leinu **= -ling** = Sippe, Volksstamm, Geschlecht

Adjektivendung gabe **= -sam**, g zu s, b zu m

| zori-gabe | = unglücklich |

Adjektivendung -garri **= -bar**, g = b

| zigor-garri | = strafbar |

Adjektivendung -lik **= -lich**

| zintzi-lik | = hängend |

Adjektiv-Suffix -zin **= un-, in-**

| barnera-e-zin | = undurchdringlich |
| zenbate-zin | = unzählbar, zahllos |

10. Einige Wortgleichungen Sanskrit - Baskisch

Hat das Vaskonische bereits das Indogermanische geprägt?
Es fällt bei der Untersuchung der baskischen Wörter auf, dass das, was man
allgemeinhin für indogermanisch hält, in einigen Fällen doch sehr stark dem
Baskischen entspricht.
Das betrifft besonders die engsten Verwandtschaftsbezeichnungen, wie Vater
und Mutter sowie eine Reihe von Wasserwörtern.
Verwandtschaftsbeziehungen und Wasserwörter sind in jeder Sprache so
elementar, dass sie kennzeichnend sind für jede Sprache. (vgl. auch
 H. Bahlow)

Würde das Baskische nur im Germanischen Entsprechungen finden, so könnte
auf eine späte gegenseitige Beeinflussung Germanisch-Baskisch geschlossen
werden.
Aber wie kommt eine Entsprechung zu indischen Wörtern zustande?
Vor allem erstaunt der enge Zusammenhang zwischen Indisch und Baskisch
an dem Beispiel „kumara" – „kume" = Kind, Junges.
Sollte das Indische (Sanskrit) schon in einer frühen Zeit in naher Nachbarschaft
zum alten Vaskonischen entstanden sein oder sollte sich das
Urindogermanische insgesamt auf dem Boden des Vaskonischen entwickelt
haben?

Es gibt jedenfalls auch krasse Unterschiede zwischen Baskisch und
Indogermanisch, so einerseits die Genera belebt - unbelebt im Baskischen,
andererseits maskulinum - femininum - neutrum im Indogermanischen.
Das legt die Vermutung nahe, dass sich die beiden Sprachkreise in allererster
Frühzeit nicht im gleichen Gebiet befunden haben, aber in späterer Zeit doch in
gegenseitiger Nachbarschaft gestanden haben müssen.

	Enge Verwandtschaft: Vater – Mutter - Kind
Vater	**aita** = Vater, <> lat. (p)ater , <> got. atta = Vater, alemannisch att, vgl. got. attila = Väterlein, Väterchen, sanskrit pitar = Vater, vgl. atta türk
Mutter	**mutil-lagun** = Freund, Verlobte(r) <> Mutter, l=r, lat. mater, engl. mother, sanskrit matra = Mutter; das Wort Mutter steht dem Baskischen näher (mutil, r = l) als den lateinischen und indischen Wörtern mater oder matra
Kind	**gan**-bela = Krippe, gan <> lat. gen-s = Geschlecht, Stamm, bask. **kuma** = Wiege, bask. **kume** = Junges, bask. umetxo = Kindchen, **ume** = Kind, sanskrit **kumara** = Kind
Titi	Brust, Busen, titiko = Säugling, weggefallenes Anlaut-T? vgl. nhd. und Mundart Titi = Säugling, wenn auch heute kaum mehr gebräuchlich, aber bei älteren Menschen (im Rheinland) noch bekannt

Wasser

Gerade die Wasserwörter im Indischen haben eine auffallende Entsprechung zum Baskischen

Sanskrit	entspricht Baskisch
var = stehendes Wasser, Teich	bask. mar-, var-, ver-, m = b
sik-arah = Sprühregen	sik-atu = austrocknen, (schnell abfließend) vgl. Siepen, rheinisch "siepe - Wetter" = Sprühregen, vgl. rheinisch Sicke = Harn
srotas = Fluß oder Bett eines reißenden Flusses	txorrota = Wasserhahn, vgl. stroot, Straße, Unstrut

152

mar-ula = Wasser	var-
ud, uda = Wasser	itsas = Meer, See, u = i, vgl. lat. udus = feucht, nass bewässert, vgl. Sud = Brühe, mit Anlaut-S, auch lat. unda = Welle, Woge, Wasser, Strom
sarila = Wasser	kanila =Wasserhahn, s = k
barbura = Wasser	bar- = var-, borbor = sprudeln, brodeln
arnas = Wasser	arrain = Fisch, rr = rn, vgl. Erft = Arnafa = Fischwasser
apas = fließendes Wassser	-apa, apa-, Wasser, -bach,
ahi = Wasser, Wolke	aho = Mund, Flußmündung, aha = apa, h = p, = Wasser
Indus (= Fluß in Indien)	indus = ausgraben, (ein Fluß gräbt sich in sein Bett ein), indar = Stärke (des Stromes)

Haus, Hütte

Sanskrit	entspricht Baskisch
astya = Haus	<> etxe = Haus
kutira = Hütte	sut-ondo = Kamin, s= k, s= h, Hütte
huti = Hütte	Hütte; hier verwundert das Auftreten des Konsonanten H, der an der gleichen Stelle auch im Deutschen steht.

Kind

Sanskrit	entspricht Baskisch
kumara = Kind	bask. kuma = Wiege, bask. kume = Junges, bask. umetxo = Kindchen, ume = Kind, weggefalllenes Anlaut-K? Kindchen, ume = Kind, weggefalllenes Anlaut-K?
uma = Kind	ume = Kind
iti = Kind	<> titi = Brust, Busen, titiko = Säugling, weggefallenes Anlaut-T? Vgl. nhd. und Mundart Titi = Säugling, wenn auch heute kaum mehr gebräuchlich, aber bei älteren Menschen (im Rheinland) noch bekannt

Lautvertretungs-Matrix

	s	k	g	h	Ch	z	tz	ts	s	t	d	p	f	b	m	j	r	rr	l	ll	N	n-
s	-	4	5	X	.	.	.	.	.	1	1	1	.	1	.	.	.	.	1	.	1	.
k	4	-	17	.	2	4	.	.	1	2	.	1	.	1	.	.	.	.	.	.	.	.
g	5	17	-	X	3	5	.	.	.	.	6	.	.	8	.	5	4	.	.	.	.	1
h	X	.	X	-	.	.	.	.	1	.	.	2	.	.	.	.	1	.	4	.	.	.
ch	.	2	3	.	-	20	7	.	6	3	1	.	.	.	.	.	.	.	.	.	.	.
z	.	4	5	.	20	-	3	.	X	.	1	.	.	.	.	.	1	.	.	.	.	.
tz	.	.	.	.	7	3	-	X	2	.	.	.	.	.	.	.	.	.	1	.	.	.
ts	.	.	.	.	.	.	X	-	.	.	.	.	.	.	.	.	.	.	.	.	.	.
s	.	.	.	1	6	X	2	.	-	.	.	.	.	.	.	.	.	.	1	1	.	.
t	1	2	.	.	3	.	.	.	.	-	2	4	.	.	.	.	.	.	.	.	1	.
d	1	.	6	.	1	1	.	.	1	2	-	.	.	1	.	5	1	4	1	.	.	.
p	1	1	.	2	.	.	.	.	.	4	.	-	4	9	.	.	.	.	1	.	.	.
f	.	.	.	.	.	.	.	.	.	.	.	4	-	.	.	.	.	.	.	.	.	.
b	1	1	8	.	.	.	.	.	.	.	1	9	.	-	6	.	.	.	.	2	.	.
m	.	.	.	.	.	.	.	.	.	.	.	.	.	6	-	.	.	.	.	.	.	.
j	.	.	5	.	.	.	.	.	.	5	.	.	.	.	.	-	.	5	5	.	2	X
r	.	.	4	1	.	1	.	.	.	.	1	.	.	.	.	.	-	5	5	.	.	.
rr	.	.	.	.	.	.	.	.	1	.	4	.	.	.	.	5	5	-	3	.	2	.
l	1	.	.	4	.	.	1	.	1	.	1	1	.	2	.	5	5	3	-	3	6	.
ll	.	.	.	.	.	.	.	.	.	.	.	.	.	.	.	.	.	.	3	-	.	.
n	1	.	.	.	.	.	.	.	.	.	.	.	.	.	.	2	.	2	6	.	-	X
n-	.	1	.	.	.	.	.	.	.	.	.	.	.	.	.	X	.	.	.	.	X	-

155